中华经典之道丛书

顾作义◎编著

《道德经》之辩证思维之道

暨南大学出版社
JINAN UNIVERSITY PRESS
中国·广州

图书在版编目（CIP）数据

《道德经》之辩证思维之道/顾作义编著．—广州：暨南大学出版社，2022.8
（中华经典之道丛书）
ISBN 978－7－5668－3320－4

Ⅰ．①道…　Ⅱ．①顾…　Ⅲ．①道家②《道德经》—研究　Ⅳ．①B223.15

中国版本图书馆 CIP 数据核字（2022）第 035134 号

《道德经》之辩证思维之道
《DAODEJING》ZHI BIANZHENG SIWEI ZHI DAO
编著者：顾作义

……………………………………………………………………

出 版 人：张晋升
责任编辑：黄　球
责任校对：刘舜怡　刘小雯
责任印制：周一丹　郑玉婷

出版发行：暨南大学出版社（511443）
电　　话：总编室（8620）37332601
营销部（8620）37332680　37332681　37332682　37332683
传　　真：（8620）37332660（办公室）　37332684（营销部）
网　　址：http：//www.jnupress.com
排　　版：广州良弓广告有限公司
印　　刷：深圳市新联美术印刷有限公司
开　　本：850mm×1168mm　1/32
印　　张：5.75
字　　数：93 千
版　　次：2022 年 8 月第 1 版
印　　次：2022 年 8 月第 1 次
定　　价：38.00 元

总　序

中华优秀传统文化历史悠久，博大精深，魅力无穷，是中华民族的“根”、中华民族的“魂”，是中华文化自信的源头与活水，也是中华民族的力量所在。

中华优秀传统文化也是人类共有的精神财富，具有普遍意义。正如习近平总书记指出：“中华文化源远流长，积淀着中华民族最深层的精神追求，代表着中华民族独特的精神标识，为中华民族生生不息、发展壮大提供了丰厚滋养。”①

中华经典是中华优秀传统文化的“精华”，是我们增强中华文化自信、自尊、自觉的积淀；它是超越时空的，跨越国界的，一直能够回应当代人的生活之问，特

① 习近平：《习近平谈治国理政》（第一卷），北京：外文出版社 2018 年版，第 164 页。

别是在科技发达、社会巨变的时代，为我们提供了走出价值迷津，防止人性物化的“良方”。学习中华经典也是一个人寻求自我完善的最佳途径。

读经典是与高人对话、与历史对话、与人生对话、与生命对话，是吸收精神滋养，开启智慧，丰富人生。经典穿越时空，观照当下，照亮未来。读经典要“入乎其中，又出乎其外”，要消化、吸收、更新。学习经典要从认知入手，朗读、记忆、思考，然后去体悟和运用。读经典最有效的办法是带着问题去研读，这样才能有收获。我们如果能有一个读书计划，每两个月读一本，一年读六本，三年的时间也可以精读十八本。如果能立志、坚持，一定能实现博学、笃行。

当下，有些人对中华传统文化的理解，大多局限于“中国结”“功夫”“美食”“手艺”等符号化、浅表性的平面维度上，缺乏对其精神内核、价值理念、道德思想和审美情趣的学习和研究，其实，这些才是中华优秀传统文化最宝贵、最核心的内容。而这些宝贵的精神思想和审美理念，都蕴含于中华经典之中。从形式范畴的角度来看，中国传统文化的结构可以划分为五个层面，即“道”“器”“法”“术”“势”，如下所示：

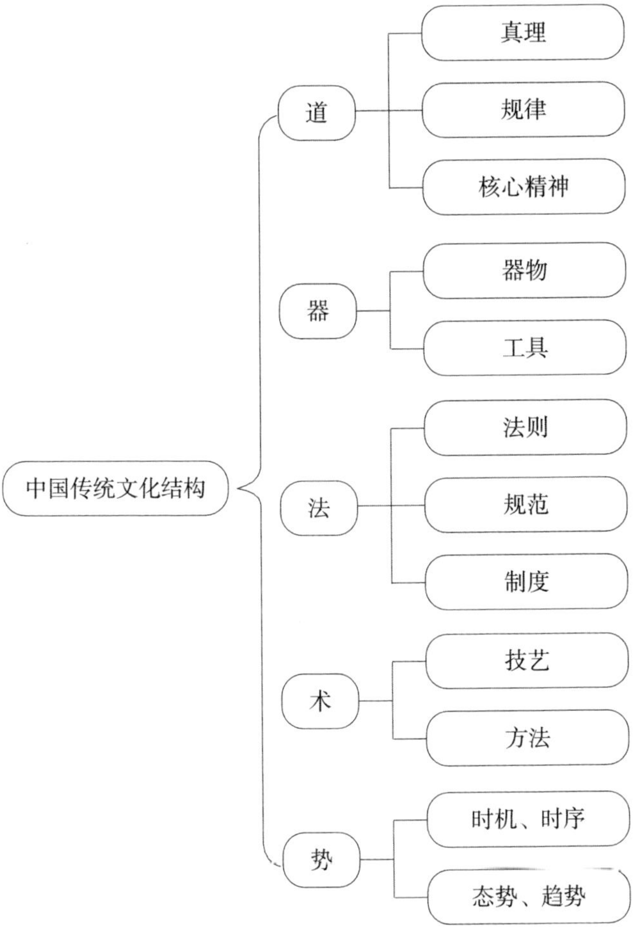

如果从内容范畴着眼，可把中华优秀传统文化划分为三个层次：

1. 第一个层次：道

“道”涵括两个方面：①精神基因、价值取向；②世界观、方法论。具体包含：

（1）“天下为公”的社会理想；

（2）“天人合一”的生存智慧；

（3）“民为邦本”的为政之道；

（4）“民富国强”的奋斗目标；

（5）“公平正义”的社会法则；

（6）“和谐共生”的相处之道；

（7）“自强不息”的奋斗精神；

（8）“精忠报国”的爱国情怀；

（9）“革故鼎新”的创新意识。

2. 第二个层次：德

“德”指向行为方式，具体包含：

（1）“中庸之道”的行为方式；

（2）“经世致用”的处世方法；

（3）“仁者爱人”的道德良心；

（4）“孝老爱亲”的家庭伦理；

（5）“敬业求精”的职业操守；

（6）“谦和好礼”的君子风度；

（7）“包容会通”的宽广胸怀。

3. 第三个层次：艺

“艺”涵括艺术形态和审美情趣，具体包含：

（1）“诗书礼乐”的情感表达；

（2）“琴棋书画”的艺术情趣；

（3）形神兼备、情景交融的美学追求；

（4）俭约自守、中和安泰的生活理念。

那么，如何学习和弘扬中华优秀传统文化呢？习近平总书记提出了“双创”的原则——“创造性转化、创新性发展”。具体来说，就是应力求做到五个“贯通”：

第一，贯通儒、释、道。中国传统文化的发展脉络是“一源三流”，如下所示：

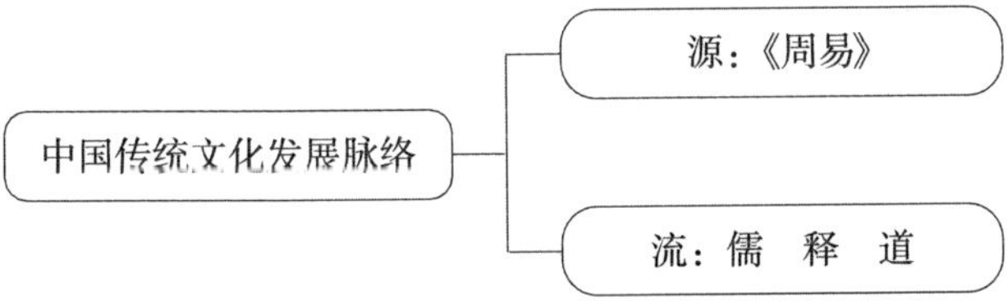

儒、释、道可以说是中国传统文化的三大支柱，既有共同的思想与理念，也有不同的观点与方法。可以说，它们是你中有我，我中有你，但又各具特色。如儒家的

“入世”与佛家的“出世”，儒家的“有为”与道家的“无为”，都存在内在的联系，只有取长补短、博采众长，才是科学的态度和正确的方法。

儒、释、道三家各有其独特的理论体系，发挥着独特的功能，它们之间不完全是对立的，有着很强的互补性。儒学是养性，主要讲为人处世的德行，用“仁、义、礼、智、信”作为准则，讲的是如何处理好人与人之间的关系。释家即佛学是养命，主要讲的是人自身的身心和谐，讲的是人的“灵性”，是一种对生命的终极关怀。佛学认为“心生万法”，修命可以理解为“修心”。道学是养身，“万物与我为一”“道法自然”，主要是讲人与自然的关系，要与自然和谐相处。人的身、心、性、灵的修养，离不开“三教”的学问，必须融会贯通。历史上不少思想家如王阳明、梁启超、梁漱溟等都是跨“教”的高手，他们善于把“三教”的思想融会贯通。其实，在中华经典中，“三教”的经典是互相渗透的。有人说，人生的最高境界是：佛为心，道为骨，儒为表。

第二，贯通“道、术、势”。中华优秀传统文化有三大基本内容，一是“道”，这是真理、规律，是中国传统文化的核心精神，“道”决定了“德”，表现为

“术”，适用于“势”，学习领悟传统文化关键在于“悟道”“行道”；二是“术”，这是“道”的表现形式和创造方式，是中国人的思维方式在行为上的表现，也是实现“道”的策略和方法；三是“势”，这是事物的发展趋势、形势，是当下的运用，是“道”与“术”的落脚点。中华优秀传统文化的学习和运用，要用“道”来统率“术”和“势”，直达文化的内核，这是领悟传统文化的根本。为此，学习中华优秀传统文化要把重点放在明道、养德、启智。

第三，贯通文、史、哲。哲学家培根说：“读史使人明智，读诗使人灵秀，数学使人周密，科学使人深刻，伦理学使人庄重，逻辑修辞之学使人善辩。凡有所学，皆成性格。”在对经典的解读中，文学可以把抽象的理论讲得生动有趣，史学可以以史为鉴、启智明理，哲学可以使之深刻透彻，把这三者贯通起来可以相得益彰，实现道、德、艺的统一。

第四，贯通古今。经典的学习是以古鉴今，古为今用。这就要适应时代的变迁，与时俱进，立足当下，关注现实，从中寻找解决现代人心灵、道德困境的方法。

第五，贯通中西。中华优秀传统文化是中国的，也是世界的。对中国传统文化妄自菲薄是缺乏自信的表现；而夜郎自大，对外来文化加以排斥则是傲慢的表现。因此，必须互相尊重、理解、借鉴、交流，一方面，要用开放的胸襟接纳、借鉴外来的文化并加以创新，把西方优秀文化本土化；另一方面，让中华优秀传统文化走向世界，增进世界对中国文化的理解，增强中华文化的创新力、感召力和影响力。

习近平总书记2014年9月24日在纪念孔子诞辰2 565周年国际学术研讨会暨国际儒学联合会第五届会员大会开幕会上的讲话指出："在带领中国人民进行革命、建设、改革的长期历史实践中，中国共产党人始终是中华优秀传统文化的忠实继承者和弘扬者，从孔夫子到孙中山，我们都注意汲取其中积极的养分。"

然而，经典毕竟是几千年前的产物，随着时代的进步，有的内涵发生了变化，我们不能"食古不化"，而应在中国文化优秀基因的基础上，赋予其新的内涵并加以丰富和发展，这就需要进行现代解读，这个解读就是习近平总书记指出的进行"创造性转化、创新性发展"。具体来说，解读的方法有以下几种：一是选择新的视角。经典的内涵是丰富的，全面的学习是一个基础。在此基础上，要观照当下，紧扣当今人们的精神呼唤，直面新需求、新问题，用新的视角去解读、去体悟，从中获得新的答案。二是实现新的转化。中华经典是历史的产物，随着时代的发展，必然有新的语境、新的要求，为此，在转化中要“不忘本来”，不忘中华优秀传统文化的根脉，注入时代精神，赋予新的内涵，焕发其生机和活力；要“吸收外来”，以开放的心态，接纳世界的优秀文化，取长补短，博采众长，既不自卑，也不自大；要“面向未来”，着眼于造福子孙万代和永续发展，为未来的发展夯实根基，提供不竭的精神动力和力量源泉。三是致力于新的超越。经典可以温故知新，思想文化的新发现，科学技术的新发明，为新思想、新观点创造了新条件，这就要在新的时代加以丰富和发展。正是基于以上的认识，我从几年前着手进行“中华经典之道丛书”的写作，完成了《〈劝学〉之学习之道》《〈黄帝内经〉之养生之道》《〈道德经〉之辩证思维之道》《〈菜根谭〉之处世之道》《〈庄子〉之生命关怀之道》《〈六祖坛经〉之修心之道》《〈人物志〉之用人之道》《〈列女传〉之女性修养之道》等。这一丛书的写作有三方面考虑：一是分主题切入，分类选择主题，集中于某一个侧面进行解读；二是观照当下，关注现实，结合当代人的现实生活，以古鉴今；三是力求通俗易懂，经典大多比较深奥难懂，为此，必须用现代的语言进行讲解，用讲故事的方法来阐述道理。

“中华经典之道丛书”中每一册以一部经典为范本，选择一个主题作为切入点对经典进行导读，始终在“贯通”两字上下功夫，观照当下，学以致用，寻找传播、普及中国传统文化的新路径，这也是一种新的尝试。

“中华经典之道丛书”的写作，让我重温经典，对我来说是一次再学习，我从中增长了知识，更为重要的是完成了心灵的修炼，虽然辛苦，但乐在其中。由于能力、水平有限，本丛书一定存在一些不足，期待得到读者的指正。

是为序。

作者于广州

2022 年 3 月 25 日

目　录

引　言

一个人是聪明还是愚蠢，不但取决于他的知识面，而且取决于他的思维方式。学会科学、辩证的思维，是一个人拥有智慧的途径之一。

《道德经》是中国道家最权威的经典著作，也是我国古代的一部哲学著作，更是一本智慧之书。《道德经》的作者为老子。老子（约前571—前471），姓李，名耳，字伯阳，谥曰聃，春秋末期楚国苦县厉乡曲仁里人，曾担任过周朝的“守藏室之史”，也就是当时掌管政府藏书的史官。据《史记·老子韩非列传》记载：“老子修道德，其学以自隐无名为务。居周久之，见周之衰，乃遂去。至关，关令尹喜曰：‘子将隐矣，强为我著书。’于是老子乃著书上下篇，言道德之意五千余言而去，莫知其所终。”老子在周朝久居，目睹了周王室的衰败，于是打算离去，当他来到函谷关时，关令尹喜请求老子在隐居之前留下著作，于是，老子作《道德经》五千言后，飘然而去，不知所终。这就是老子写《道德经》的由来。

《道德经》具有独特而深刻的思想，富有诗意的文字表达，特别是它的哲学思辨，让人脑洞大开，增长智慧。《道德经》短短五千言，文约意丰，涵盖了哲学、伦理学、政治学、军事学等诸多学科，内容博大精深，玄妙无穷，是人们为学、修身、齐家、治国的宝典。

解读《道德经》的著作很多，有的讲如何治国理政，有的讲如何用兵打仗，有的讲如何待人处世，等等，但从辩证思维的角度去系统解读《道德经》的，至今未见，这不能不说是一大遗憾。

老子的《道德经》是一本智慧之书，老子智慧的核心内容在于其辩证法的睿智。正如李石岑所说："《老子》一书，可以说整部著作都是用辩证的方法写成的。"他还说："道家的辩证法是有可以相当注意的地方，因为它知道用辩证法观察自然界，观察人类社会，并观察人类的思维。它知道把宇宙观、认识论和辩证法看成有机联系的整体，这是道家哲学强过其他各派哲学之处。"

陈荣捷在《中国哲学文献选编》中对老子的学说有这样一段评价："假如没有《老子》这本书的话，中国文化与中国人的性格将会截然不同……假如不能真正领会这本小书里的玄妙哲思，我们就不能期望他可以理解中国的哲学、宗教、政治、艺术与医药。"又说："在某些层面，道家进入生命之道更深更远，所以虽然古代的诸子百家都各行其道，但道家却得独享其名。"

一个国家的科学文化是否发达，一个人是否有智慧，关键在于是否学会科学思维、辩证思维。辩证思维体现了一个人的世界观和方法论，是否掌握辩证思维之道，决定了一个人是否有宏大的格局，决定了一个人是否有深邃的视野，决定了一个人从什么样的角度去观察事物、分析问题，决定了一个人是否有圆融的处世方式，也决定了一个人学业、事业、家庭的兴衰成败。

习近平总书记指出："我们的事业越是向纵深发展，就越要不断增强辩证思维能力。""提高战略思维、历史思维、辩证思维、创新思维、法治思维、底线思维能力，善于从纷繁复杂的矛盾中把握规律，不断积累经验、增长才干。"今天，我们正经历百年未有之大变局，面对新的态势、新的矛盾、新的任务，必须提高辩证思维能力，既顺势而为，又逆势而上，在认识和把握规律中准确识变、科学应变、主动求变，化危为机，扬长避短，赢得主动，赢得未来。这，就是我选择研究《道德经》与辩证思维的初衷。

第一讲 《道德经》为我们打开了一道通向智慧的大门

知识和智慧是一个人学识的两个层次，人的一生从无知经求知到有知，知识的量从无到有、从有限到丰富，智慧的运用也由少而多，自初级而高级，这是一个不断学习积累和渐进渐变的过程。但知识和智慧是不同的，知识是人们在改造世界的实践中所获得的认识和经验的总和。“知识”强调的是人所知道、所拥有的学问，知识使人知道了许多事、明白了许多理，是智慧的基础。“智慧”则是运用知识的方法和结果，智慧是辨析判断、发明创造的能力。智慧包含了知识和聪明，它是头脑的智能，是洞察人生和实践的才能，反映了一个人的洞察力、想象力和创造力。

苏联著名文学家高尔基说：“创造靠智慧，处世靠常识。有常识而无智慧，谓之平庸；有智慧而无常识，谓之笨拙。智慧是一切力量中最强大的力量，是世界上唯一自觉活着的力量。”知识回答了世界是什么的问题，一个人只要勤奋努力地学习，就会博学多识，知识面也会越来越广。但智慧是比知识更高层次的东西，智慧回答了世界为什么是这样的问题，是人的一种灵性、一种创造力。知识一般靠死记硬背就可以获得，智慧则要靠科学的思维，即丰富的想象力、灵动的创造力和深刻的洞察力才能获得。智慧的本质是科学思维，人们借助语言把丰富的感性材料加以分析、综合、判断，由此及彼，由表及里，去伪存真，推陈出新，从而揭示事物的本质和规律。

我们拿孔子和老子作比较，可以看到老子所思考的问题比孔子更为深远、深刻，他思考的是宇宙观、世界观和方法论，回答的是世界的本原是什么，他研究的问题更为辩证，既有抽象的“道”，也有具象的“德”。孔子是一个“圣人”，是一个伟大的教育家，回答的大多是“入世”的问题，《论语》讲的大多是“德”的层面的理论。国学大师林语堂先生曾经对孔子的儒家思想与老子的道家思想作了一番比较，他在《老子的智慧》一书中说：“孔子设教，以仁义为基本德行。老子却轻蔑地说：‘失道而后德，失德而后仁，失仁而后义……’孔子学说的本质是都市哲学，而道家学说的本质为田野哲学。”孔子学说具有很强的世俗性，老子学说却是“脱俗”的。林语堂先生在《吾国与吾民》中还说：“孔子学说中还有其他缺点，他过于崇尚现实而太缺乏空想的意象的成分。”“孔子的哲学是维护传统秩序的哲学，主要处理的是平凡世界中的伦常关系，不但不令人激奋，反易磨损一个人对精神方面的渴求，以及幻想驰奔的本性。”儒家强调的是人的社会性，道家则重视人的自然性；儒家主张以天为至高至存，突显历史视野，道家以道为至高至存，展现宇宙视野；儒家企盼天人合德，以达到“止于至善”的目标，道家向往与道合一，用智慧以求解脱；儒家试图透过社会规范的建立，以提高人的道德价值，道家则试图透过哲学精神的建立，以提升人的心灵境界。我以为道家比儒家更为深刻、更为高明的地方，在于提倡以“出世”的态度去从事“入世”的事业，这一点连孔子自己也承认，他尊崇老子，把老子当作自己的老师，并表示十分钦佩。司马迁《史记·老子韩非列传》记载了孔子拜访老子的一段经历：

孔子适周，将问礼于老子。老子曰：“子所言者，其人与骨皆已朽矣，独其言在耳。且君子得其时则驾，不得其时则蓬累而行。吾闻之，良贾深藏若虚，君子盛德，容貌若愚。去子之骄气与多欲，态色与淫志，是皆无益于子之身。吾所以告子者，若是而已。”孔子去，谓弟子曰：“鸟，吾知其能飞；鱼，吾知其能游；兽，吾知其能走。走者可以为罔，游者可以为纶，飞者可以为矰。至于龙，吾不能知，其乘风云而上天。吾今日见老子，其犹龙邪！”

据说孔子比老子年少二十岁，有一次去拜访老子，向老子请教周礼。老子说：“你所说的礼，倡导它的人连骨头都已经腐烂了，只有他们的言论还在。况且君子时运来了就驾车出去做官，生不逢时就像蓬草一样随风飘转。我听说，善于经商的人把货物隐藏起来，好像什么东西也没有，君子具有高尚的品德，容貌谦虚得像愚钝的人。抛弃你的骄纵之气和过多的欲望，除去你造作的神色和过大的志向，这些都无益于你自身的修养。我能告诉你的，也就是这些了。”孔子回来后对弟子们说：“鸟，我知道它善于飞翔；鱼，我知道它善于游水；兽，我知道它善于奔跑。会跑的可以用网去捕，会游的可以用线去钓，会飞的可以用箭去射，至于天上的龙，我就不知道该怎么办了，因为它乘着风驾着云飞上了天空。我今天见到的老子，就像是龙一样啊！”

从这个记载来看，孔子是一个谦虚的人，是一个善于自我反省的人，敢于承认自己的不足，面对老子居高临下的“教训”，非但不生气，反而感到由衷的佩服。

而老子则是一个大智之人。首先，老子是清醒的，面对世风日下的大势，老子主张顺应历史大潮，顺势而为，“得其时则驾，不得其时则蓬累而行”。孔子抱着救世的思想，想力挽狂澜，恢复“周礼”，周游列国，可惜“累累若丧家之犬”，这说明时势是人力所难以改变的，只有深明大道，顺应大势，才能有所作为，否则是白费力气，甚至会碰得头破血流。其次，老子注重对生命的关怀，主张过自由、自在、洒脱的人生。他要求孔子“去子之骄气与多欲，态色与淫志”，他认为骄气、贪欲、功名和过大的志向，对人的身心是无益的。从这一点看，老子的境界更高一些，已经达到无欲无求的境界。再次，老子已经达到悟道的境界，道家认为这已经是“神人”。孔子把老子比喻为“龙”，神龙腾云驾雾，耕云播雨，自由潇洒，由于它“无欲无求”，人世间已经没有任何东西可以束缚它、制约它，这就是孔子自愧不如并发出感叹的原因。《庄子·天运》记载，“孔子不出三月，复见曰：丘得之矣”。他对老子说自己已经悟道了。于是，老子评价孔子说：“可！丘（孔子）得之矣。”会见老子之后，孔子深刻地反思自己，幡然省悟，“不出三月”又去拜会老子，他认为自己得道了，老子也认可孔子的自我评价。这说明孔子也“开悟”了，得到了“大智慧”。

年轻时读《道德经》，与年纪大了读《道德经》，所得到的收获是不一样的。年轻的时候读《道德经》，总觉得《道德经》过于“保守”，过于“消极”，与自己的远大志向格格不入。但随着人生阅历的丰富，当回望人生走过的路时，才深感《道德经》的深刻、高远，它突破了以人类为中心的视野，以永恒与无限的宇宙层面来观察世界，发现一切“人为”的盲动不但无益，而且有害，发现有些“执着”其实都是虚幻的。为此，心态变得平和，心境变得开朗，心情也更加愉悦，从这个角度看，《道德经》的确是一本智慧之书。

那么，《道德经》是怎样揭示“智慧”的本质、来源，是怎样用辩证思维去打开智慧之门的？下面，作一些分析。

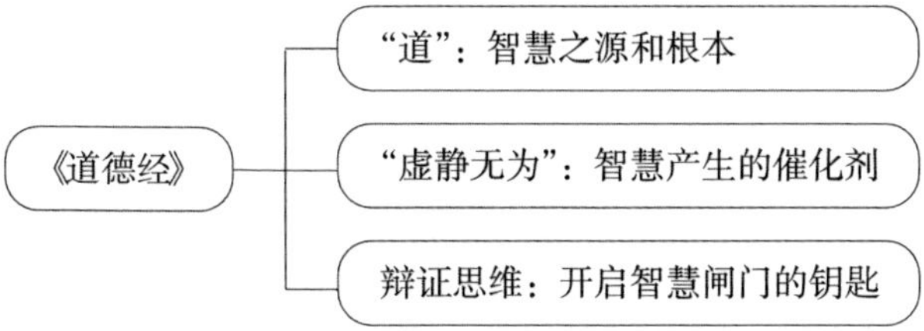

一、“道”是智慧之源和根本

人的智慧从哪里来？有人认为是天赋智慧，即从天中来；有人认为从书本中来；也有人认为从实践中来，实践出真知。老子则认为，智慧从“道”中来。

“道”是老子哲学中的一个核心概念，这个“道”字在五千言的《道德经》一书中出现了64次。老子认为“道”是万物的起源与归宿，万物的基础与动力来源，也是智慧之源泉。

老子讲“道”，道在哪里呢？《庄子·知北游》有一个记载，东郭子请教庄子：“所谓的道，在哪里呢？”庄子回答：“无所不在。”东郭子说：“请你说个具体的地方。”庄子说：“在蝼蚁中。”东郭子再问：“为什么如此卑微呢？”庄子说：“在杂草中。”东郭子又问：“为什么更加卑微呢？”庄子回答说：“在砖瓦中。”东郭子疑惑道：“为什么越说越低下呢？”庄子答：“在屎尿中。”东郭子觉得庄子越说越不像话，便不出声了。

其实，庄子说的“道”，存在于天地之间，在滚滚红尘之间，“道”是万事万物的本原，无处不在，“道”主宰并影响着万物的运行。“道”是如此的普通，又很高深，既远在天边，又近在眼前。

那么，什么是“道”？老子从不同的角度讲“道”，如“道可道，非常道”“道亡有义”“惟道是从”“道亦乐得”“道法自然”“道恒无为”“尊道贵德”“以道治国”“道与善人”等，阐述了“道”的内涵。在老子看来，“道”大致有如下含义：

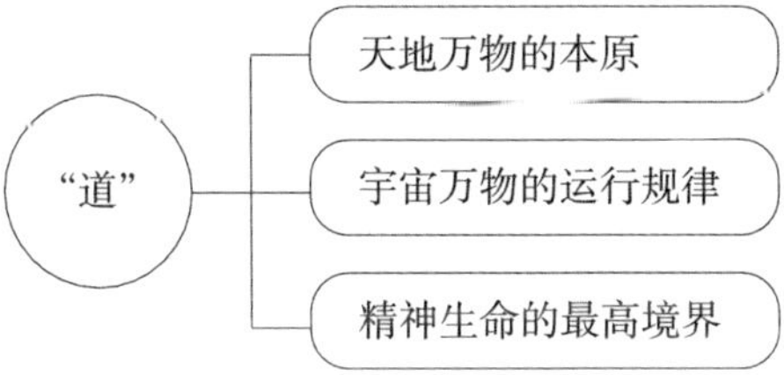

（一）“道”是天地万物的本原

《道德经·第一章》一开始就说：“道可道，非常道；名可名，非常名。无名，天地之始；有名，万物之母。”老子在这里指出了“道”是宇宙的本原和实质，指出能用语言表述出来的“道”，都不是永恒的、终极的“道”；能够用言辞说出来的“名”，都不是永恒的、终极的“名”。“无”，是天地的源起；“有”，是万物的开端。他认为一切事物皆由道所出，甚至连天地都由此而来。老子认为“道”是混沌无形的，是超越了具体的道理的，指向终极的，是“形而上”的东西。从这个意义上看，道，也是智慧的源头。

《道德经·第二十五章》又说：“有物混成，先天地生。寂兮寥兮，独立不改，周行而不殆，可以为天下母。吾不知其名，字之曰道，强为之名曰大。”意思是说，有一种浑然一体的东西，先于天地而存在。没有声音，也没有形体，永远不依靠外在的力量，循环运行而没有止歇，它可以算作天下万物的根本。我不知道它的名字，把它叫作“道”，勉强地再给它起个名字叫作“大”。老子认为“道”是超越时间和空间的。它的存在，寂静而又空虚，不依靠任何力量，也不以人的意志为转移；它无所不在，但又看不见摸不着；在它的内部，蕴藏着无穷的能量，这种能量循环运作，永不止歇；它孕育了万物，推动万物生长，是万物的根本，世界的本原。道，具有内存性、永恒性、超越性，体现了人类思想所能达到的最高层次。

《道德经·第四十二章》又说：“道生一，一生二，二生三，三生万物。”老子在这里更是明确地指出了“道”是万物的本原，道生阴阳两气，阴阳两气相交而生成有道之物，万物正是这样生成的。

《道德经·第四章》还说："道冲，而用之或不盈，渊兮似万物之宗。"意思是说，道是空虚而不可见的，但是运用起来却是没有止境的，它是那样的渊深，好像是万物的本原。老子认为"道"是宇宙的本原，虚空广大，妙用无穷，是智慧产生的源头。

（二）"道"是宇宙万物的运行规律

老子认为"道"是不以人的意志为转移的，按照其内在的法则运行。这个运行规律，就是"真理"，凡是违背"真理"的观点和思维方法，都是有害的。《道德经·第六十二章》说："道者，万物之奥，善人之宝，不善人之所保。""奥"是指深藏、玄妙、奥秘，它是不以人的意志为转移的客观规律，它无时无刻不在发挥着作用。老子在这里说，道是无所不包的，可以庇荫万物，不仅善良的人将它视为修身养性的法宝，就连不善的人也经常靠它来保护自己。

《淮南子·原道训》说："夫太上之道，生万物而不有，成化像而弗宰。跂行喙息，蠉飞蠕动，待而后生，莫之知德；待之后死，莫之能怨。"意思是说，最高的大道，它生化万物而不私自拥有，变化成为物象而不去主宰它们，奔跑的走兽，飞翔的禽鸟，爬行、蠕动的昆虫，都靠道而生，却不知道感恩戴德；它们因道而消失、死亡，也没有埋怨道。“道”虽然衍生了万物，却不是万物的拥有者，它只是万物产生过程中所运行的规律。在道的运行下，春夏秋冬四季有序交替，大地上的植物春生、夏长、秋收、冬藏，一切都有规律地进行。

老子认为道是恒动的，《道德经·第四十章》说：“反者道之动。”道循环运行而生生不息，《道德经·第二十五章》说：“周行而不殆。”

老子认为“道”的运行是有法度的，《道德经·第二十五章》说：“人法地，地法天，天法道，道法自然。”老子把“道”作为最高的真理，决定了天道、地道、人道，指出人取法于地，地取法于天，天取法于“道”，“道”则取法于它自已的样子。在这段话里，老子指出了三个问题：

一是天道、地道和人道相互贯通。作为世界本原的“道”，即天道，是一种自然规律的“道”；地道，是万物生长的“道”；还有一种就是作为人事之法则的“道”，即人道。这三种“道”是相互联系的，作为宇宙之本原的道，在天地万物产生之后，就体现为自然规律的“道”，而自然规律之“道”再落实到人的社会生活中，就表现为人事法则的“道”。老子在这里揭示了道既体现着形而上的终极意义，也体现着形而下的现实意义，涵盖着宇宙、自然和社会的全部道理及规则。“道德”与“道理”不同，道是指本原和规律，德是行为方式，理是分析具体事物间互相区别的质的概念，即具体事物的特殊性。老子认为，人在道中，而不知道之存在，好像鱼在水中，而不知水之存在一样。人活在世上，必须遵循一定的规律，执守一定的法则。这规律，是自然规律；这法则，是自然法则。人活着，其行为要合于一定的“道”，这道，是天道、地道、人道，也是自然之道。人不能胜于天，只能仰仗于道。因此，人不仅应修道问道，还应行道守道，才能得道成道。

二是“道”指在宇宙万物中，有一个核心的东西在起主导、引导的作用。这个东西是什么呢？科学家说不清楚。而早在两千多年前的中国，老子就已经完整地回答了这个问题：维持宇宙万物达到和谐与平衡的能量源，那就是周而复始、永不停息、无处不在的“道”。所谓“道”，就是宇宙万物必须遵循的一种规律。他认为“道”是宇宙天地产生的根源，是自然万物运行的规律。

《淮南子·原道训》中说："夫道者，覆天载地，廓四方，柝八极，高不可际，深不可测，包裹天地，禀授无形。原流泉浡，冲而徐盈；混混滑滑，浊而徐清。故植之而塞于天地，横之而弥于四海，施之无穷而无所朝夕。"意思是说，道覆盖着天，承载着地，向四方扩展，向八极延绵，高不能到达边缘，深不能够测量，包裹着天地，给予无形的力量。道，就像清泉涓涓地涌流出来，慢慢地充实宇宙，进而急促奔流，从混浊变得清晰明亮。故此道直立时能充塞于天地之间，横放时能布满四海，舒展时笼罩着上下四方，无穷地扩展而不分早晚。《淮南子》认为，道是自然界生生不息的生命和创造力的总源，也是人类社会发展的规律。"道"对人类生活起着决定性的作用，可以说"顺者则昌，逆者则亡"，古今中外，无不皆然。无论是国家的军队，还是占山为王的草寇，在对外征伐之时，都高举"道"的旗帜，以"替天行道"作为口号。纵观历史，历代王朝的兴衰更替，无不与"道"的顺逆有关。凡是荒淫残暴、杀贤害民的无道昏君，必定灭亡。隋炀帝杨广可以说就是一个例子。

隋炀帝自从杀父夺得皇位以后，独断横行，我行我素，行事皆悖于自然之道。他梦见江南景色优美，便心血来潮下诏开凿运河。据唐人所写的《开河记》记载，该工程一共动用了五百四十三万人，进行到徐州时，已少了一百五十万人，可见其死伤之多。从此，隋炀帝每年都乘船到江都游玩，其队伍绵延二百余里。百姓误农时耕作，食不果腹，只好遍地设网捕鱼捉禽兽，倾家荡产，流离失所。有大臣规劝，隋炀帝不但不听，反而当朝杖杀，连杀了三个。隋炀帝残害忠良，致使官兵纷纷倒戈，最后攻破都城，他只好自缢身亡，隋王朝转瞬间就葬送了。

三是在“道”“器”“术”这三者之中，道起着决定性的作用。《易传·系辞上传》说“形而上者谓之道，形而下者谓之器”，我们头脑里的思维，就是形而上的道。我们通常说：“思想有多远，行动就有多远。”说的是人的思路决定了人的出路，决定了人的行动。汉字的“道”字从“走”，形而下的道是我们足下的道路、路线。因此，道体现了头脑和手脚的统一，无形之“道”和有形之“道”的结合，知行的合一。《易·说卦》认为：“立天之道曰阴与阳，立地之道曰柔与刚，立人之道曰仁与义。”因此，道术必须表里如一、始终如一、知行合一。亚里士多德可以说就是一个唯道是从、坚持真理的人。

亚里士多德从 17 岁开始入师门，跟随柏拉图达 20 年之久。亚里士多德对老师是很崇敬的，师徒二人也是很好的朋友。然而在追求真理的过程中，亚里士多德非常勇敢、坚决地批评老师的错误和缺点，在哲学思想的内容和方法上都同柏拉图存在着严重的分歧。于是有些人就指责他背叛了老师，亚里士多德对此回敬了一句流传至今的名言：“吾爱吾师，吾更爱真理！”这句名言如今成为哈佛大学的校训。

对这句名言的理解是：弟子不必不如师，师不必贤于弟子，闻道有先后，术业有专攻，如是而已。学生不必非要比老师差，老师也不一定非要比学生好，学生要尊重自己的老师，但是更要尊重客观规律，尊重真理。

个人要开悟、觉悟，就要修道、悟道，离开了“道”，必然是一个没有悟性的人。世间万物的生长、消亡都有其特定的“道”，顺道则生，逆道则亡。天道、地道、人道相互贯通，各行各业各有其道，各行其道。如医有医道，艺有艺道，商有商道，而在道、器、术三者之间，道起着基础性的、决定性的作用。正所谓“万变不离其宗”，凡是能把握其“道”的人，都能如鱼得水、游刃有余。

由此可见，这个“道”与人生关系之密切。然而，“道”在中国传统文化里面是不容易说清的概念，后人便把它跟自身的精神需求对接起来，提炼为十六字箴言：“天道酬勤、地道酬善、商道酬信、业道酬精。”“天道酬勤”取典于《周易》卦辞“天行健，君子以自强不息”和《尚书》“天道酬勤”，昭示勤奋逆转人生的真谛。“地道酬善”出自《周易》卦辞“地势坤，君子以厚德载物”，寓意助人行善，逢凶化吉。“商道酬信”出自《论语》“民无信不立”，反映诚信经商，无往不利。“业道酬精”典出韩愈《进学解》“业精于勤，荒于嬉”，揭示勤学苦练方能术业精进。这十六字箴言是中国传统哲学的经典表达，得其精髓者，不仅能独善其身，也能兼济天下。

（三）“道”为精神生命的最高境界

智慧是一个人的精神生命的内核，“道”不但决定了世间万事万物的生存与运行，也是人的精神生命的主宰。老子在《道德经·第四十八章》中说："为学日益，为道日损。"这句话指出对外界求索所得的知识，越累积越多；而对道体悟越深，主观成见和私心就会越来越少，就与接近和发现真理的距离越来越短。老子在《道德经·第五十六章》中又指出要"和光同尘"，在人生的修养上，要"挫锐""解纷"，消除自我的陋蔽，化解人际的隔阂，从亲疏贵贱之别中，提升到"玄同"的境界。老子的"玄同"之境为庄子所弘扬，庄子把"玄同"提升为人类精神生活和思想生命的最高目标。

从以上的分析看，假如离开了"道"，"智慧"将会成为无源之水、无本之木。

二、"虚静无为"是智慧产生的催化剂

既然"道"包含万事万物，自然也包括宇宙规律、为人处世方法和智慧。光知道智慧源自哪里还不够，如何让智慧涌流出来呢？老子提出了一个途径，这就是"虚静无为"。

《道德经·第五章》："天地之间，其犹橐籥乎？虚而不屈，动而愈出。"意思是说，天地之间，难道不像个

风箱吗？虽然是空虚的，但力量却不会枯竭，越是鼓动它，产生的能量就越多。

《道德经·第十六章》："致虚极，守静笃。万物并作，吾以观复。夫物芸芸，各复归其根。归根曰静，是谓复命。复命曰常，知常曰明。"意思是说，追求"虚"，要达到极点；守住"静"，要笃定坚定。万物全都在蓬勃生长，我们从中看出循环往复的道理，一切事物变化纷纭，最后又各自回归到它们的根源。回到根源叫作"静"，"静"叫作"复命"，"复命"叫作"常"，知晓"常"的道理才叫作"明"。老子对于"虚"与"静"的提倡，源于对"道"的追求。由于"道"是"视之不见""听之不闻""搏之不得"的，是无形无象的，只有"致虚守静"才能体悟得道。假如躁动不安，心中烦乱，不要说感悟大道，就连处理一点小事也理不出头绪来。比如一个人处于心烦意乱的状态，听话会听不清，看书会看不进，因此说，智慧产生于虚静之心境。宋代晁迥在《昭德新编》中说："水静极则形象明，心静极则智慧生。"意指在平静安逸之中可增长智慧。诸葛亮在写给儿子的《诫子书》中也指出："夫君子之行，静以修身，俭以养德。非淡泊无以明志，非宁静无以致远。”后人便把“静能生慧，宁静致远”合为一句，强调静养修身的必要性。这和儒家经典《大学》中所指出的“静而后能安，安而后能虑，虑而后能得”是一样的道理。这里的“得”便是得道、得慧。

有一个巨商，为躲避动乱，把所有的家财置换成金银票，特制了一把油纸伞，将金银票小心地藏进伞柄之内，然后把自己装扮成普通百姓，带上雨伞准备归隐乡野老家。

不料途中出了意外，只因他劳累之余在凉亭打了一个盹，醒来之后雨伞竟然不见了！

巨商毕竟经商多年，阅事无数，面对突如其来的变故，他很快冷静下来，仔细观察后他发现随身携带的包裹完好无损，断定拿雨伞之人应该不是职业盗贼，十有八九是过路人顺手牵羊拿走了雨伞，此人应该就居住在附近。

巨商决定就在此地住下来，他购置了修伞工具，干起了修伞的营生，静静等待。

春去秋来，一晃两年过去了，他也没有等来自己的雨伞。巨商沉下心来，仔细思量，他发现有些人当雨伞坏得不值一修的时候，会选择购买新的雨伞。

于是巨商打出“旧伞换新伞”的招牌，而且换伞不加钱。一时间前来换伞的人络绎不绝。

不久，有一个中年人夹着一把破旧的油纸伞匆匆赶来，巨商接过一看，正是自己魂牵梦绕的那把雨伞，伞柄处完好无损，巨商不动声色地给那人换了一把新伞。

那人离去之后，巨商转身进门，收拾家当，从此消失得无影无踪。

静出智慧。巨商的无言等待，是静之后产生的智慧。在突如其来的事件面前，巨商能够沉着应对，最终使财物失而复得。

对人生而言，学会静，是一笔宝贵的财富。它会让你懂得，一旦面前出现惊涛骇浪、乌云笼罩，焦虑、苦恼非但于事无补，有时还会使事情变得更糟，而恰如其分的静，能够让你稳住阵脚，挽回损失，化险为夷。

静是晓悟大道的智慧。“致虚极，守静笃”“重为轻根，静为躁君”“静胜躁，寒胜热，清静为天下正”。

爱国将军冯玉祥读书时有个习惯，首先关上门并在门外悬挂一块牌子，上面写着“冯玉祥死了”，其间任何人都不许进入。读书结束后才开门，将字牌换成“冯玉祥活了”。由此可见他静心读书的决心。国画大师齐白石成名后，有人问他何以能从一介木匠成为一代名家，他答道：“作画是守静之道，涵养静气，事业可成。”清朝三代皇帝的老师翁同龢也曾说：“每临大事有静气，不信今时无古贤。”

《淮南子·原道训》说：“人生而静，天之性也。”人只要保持内心的清静，不改变天道天性的运行规律，身心便能与天地沟通、融合，内心也就不会失去真性情，就能晓悟大道的智慧。

《道德经》关于“道”是世界的本原、本质的论述，告诉我们最高的智慧在于“道”，为此，我们要致力于寻“道”、行“道”，用“道”去统领“器”“术”“势”，这是辩证思维之本，只要我们认清了事物的本质和规律，一切问题都能迎刃而解。

三、辩证思维是开启智慧闸门的钥匙

老子讲一个人要修智慧，必须有一个科学的方法，这个方法就是“辩证思维”。辩证思维是用全面的、联系的、发展的思维去看问题，从多角度去分析问题，老子的卓越智慧在于他对事物之间的联系、对立、转化、统一有着高超的见识，并作出睿智的分析。

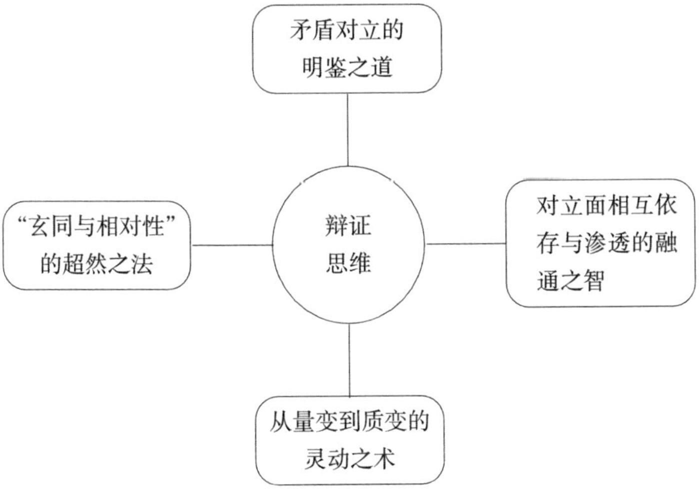

（一）老子提出了矛盾对立的明鉴之道

老子认为，万事万物之间存在相互对立、相互联系以及价值判断相对性的问题。他在《道德经·第二章》中说：“天下皆知美之为美，斯恶已；皆知善之为善，斯不善已。”意思是说，天下的人都知道怎么样算是美，这样就有了丑；都知道怎么样算是善，这样就有了不善。老子认为美与丑、善与恶、上与下、前与后、弱与强，只有在比较中才能显现出来。

（二）老子提出了对立面相互依存与渗透的融通之智

老子认为我们既要看到事物对立的一面，也要看到统一的一面；事物有显的一面，也有隐的一面；有表层的结构，又有深层的结构。为此，观察物象要防止片面化，思考问题不可只考虑一方，处理问题不能走极端。他在《道德经·第五十八章》中说："祸兮福之所倚，福兮祸之所伏。"祸中倚着福，福中伏着祸，事物对立的两面是互相包藏、互相倚伏的。为此，老子提出了"无"与"有"、"正"与"奇"、"善"与"妖"、"刚"与"柔"等对立的事物的相互转化，正常可以转化为反常，善良可以转化为邪恶，即"正复为奇，善复为妖"。他又说：委曲反能保全，屈枉反能伸直，卑下反能充满，敝旧反能更新，少取反能多得，贪多反而迷惑。他指出了事物的对立、依存和转化。

（三）老子提出了从量变到质变的灵动之术

老子认为事物都是永无休止地处在变化之中，事物对立转化要经过数量渐变的积累过程，当量变达到一定的程度时，就会发生质变，即“物极必反”。《道德经·第六十三章》说：“图难于其易，为大于其细。天下难事，必作于易。天下大事，必作于细。”《道德经·第六十四章》又说：“合抱之木，生于毫末；九层之台，起于累土；千里之行，始于足下。”老子用一种自然的现象阐述了一个深刻的道理：凡事都要适度，防止过犹不及。一方面，要善于积累、积聚，一个人“大器晚成”是因为要依靠持之不懈的努力；另一方面，要防止走极端，知足知止，防止超过事物发展的界限而使之往相反的方向发展。

（四）老子提出了“玄同与相对性”的超然之法

老子不但看到事物“有同”的方面，又看到事物“相对”的方面，但他并未止于此，而是进一步提出了消除对立，共同臻于玄妙混同的境地。老子在《道德经·第二十章》中说：“唯之与阿，相去几何？善之与恶，相去若何？”意思是说，奉承与斥责，相差有多少？善良与邪恶，差别又有多远？《道德经·第五十六章》又说：“挫其锐，解其纷，和其光，同其尘，是谓玄同。”意思是说，收敛锐气，排除纷杂，调和光芒，混同尘垢，这就是神奇的同化境界。这一思想与儒家的“和而不同”有高度的契合。世界上的事物虽然有矛盾、有斗争、有冲突，但最终将走向“玄同”“和谐”的境地。这就是超越对立的两极，寻找利益的共同点。用今天的话来说就是共享、共赢。今天，我们工作和生活在一个多元化的环境中，多元的利益、多元的思想和多元的诉求使得工作难度大、矛盾多。众人同心，其利断金。勠力同心去做事，最重要的是寻找最大公约数，凝聚起共同的力量。凝聚这种力量的办法在哪里？来自共享、共荣和共赢之心。凡事有利不可独吞、有福不可独享，否则就会失去人心。蛋糕做大了，就该人人有份。只有让大家都得到好处，看到希望，才能奠定大家一起干事的基础。

老子的辩证思维，与马克思主义的三大规律：对立统一、质量互变、否定之否定的规律有异曲同工之妙，我们之所以把《道德经》看成是一部智慧之书，是因为它给人们提供了多维的思考角度，提供了透过现象去寻找本质的方法，提供了灵动、灵活、灵性的思维方式，这正是《道德经》的高深之处、高明之处、科学之处。

第二讲　《道德经》的辩证思维来自《易经》

《道德经》的辩证思维主要来源于《易经》，老子年轻的时候聪敏好学，曾经到周朝学习，并拜商容为老师，学遍了当时《易》《诗》《书》《乐》《礼》等经典。《易经》是“群经之首”，是中国传统文化的源头，其内容极其丰富，有中国精神、价值追求、道德情怀，有中国教育思想、军事思想，有中国的传统医学、建筑学知识等，但最核心的是辩证法，从《易经》的“易”字到《易经》的“六爻”的交互变动以及卦辞、系辞等，贯穿其中的一条主线是辩证法。老子在《道德经》中把《易经》中的辩证思维加以继承，充分吸收，并发扬光大，他是世界上第一个把辩证法发挥到极致的哲学家。

有人说辩证法产生于黑格尔，发扬光大于马克思，这个说法说对了一半，对后半句我们表示认可，但是对前半句就不能苟同了。我们知道，黑格尔曾经研究过中国的《易经》，虽然我们不能简单说黑格尔是因为《易经》才创立的辩证法思想体系，但是辩证法思想毫无疑问来源于中国的《易经》。

很多人读《易经》，感到深奥，难以读懂。事实上，厚厚的一本《易经》，读薄以后，只剩一个字：变。外国人翻译《易经》，英文名叫 *The Book of Changes*，抓住了易的核心，就是变化。

传统的《易经》解读，有三变，也就是三易：变易、简易和不易。通俗地说，就是宇宙的一切都在变化，这种变化遵循最简单的规律，而规律本身是不变的。“变易”，要求学会创新，与时俱进；“简易”，是善于化繁为简，对于错综复杂的问题要抓住关键和本质，解决好主要矛盾；“不易”，是坚持遵循规律，一以贯之，坚持根本不动摇。

《易经》的每一卦，都描述了事物的发展过程。如乾坤，以“太阳”的运行和“龙”的意象描述了事物的变化过程。我认为《道德经》与《易经》是一脉相承的。从《道德经》中，我们可以处处看到《易经》的影子，下面作一些介绍。

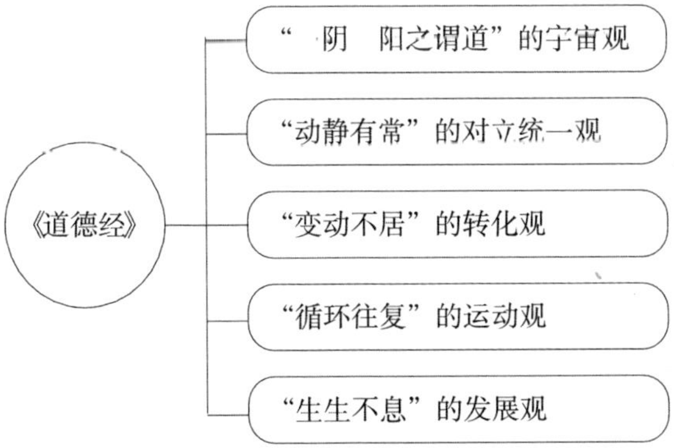

一、“一阴一阳之谓道”的宇宙观

《易经》的基本符号，“—”代表阳，“--”代表阴。《易经》的每一个卦象都是通过“阴阳”这两个符号来表达的。

阴阳的两个符号，与负电（-）、正电（+）符号一样，形象而又精确地代表了两类不同的物质。它们既是对立的，又是统一的，正负电碰撞时，将会产生巨大的能量；阴阳结合时，将会演绎出宇宙千变万化的形态。

《易经》认为宇宙是由“道”衍生出来的。《易传·系辞上传》：“一阴一阳之谓道。”又说：“形而上者谓之道，形而下者谓之器。化而裁之谓之变，推而行之谓之通，举而措之天下之民谓之事业。”《易经》认为万物生于气，清气上升为天，浊气下降为地，天地阴阳两气的运动产生了万物。

《易经》认为“道”是事物运动的规律、法则，它“与天地相似，故不违。知周乎万物而道济天下，故不过；旁行而不流，乐天知命，故不忧；安土敦乎仁，故能爱。范围天地之化而不过，曲成万物而不遗，通乎昼夜之道而知，故神无方而《易》无体”。（《易传·系辞上传》）《易经》又说："易有太极，是生两仪，两仪生四象，四象生八卦。""太极"是天地尚未分开、浑然一体的时候，《易经》说："气形质具而未离，故曰浑沦。"之后生出"两仪"，混沌初开，天地分明，即有了阴和阳。再之后衍生出"四象"，乾坤运转，天地相摩，出现了春夏秋冬四季。最后衍生出"八卦"，即天、泽、火、雷、风、水、山、地，也即形成了天地万物。"八卦"只不过是天地万物的具体表现。

《易经》提出了"三极之道"。《易传·系辞上传》说："在天成象，在地成形，变化见矣。是故刚柔相摩，八卦相荡。鼓之以雷霆，润之以风雨；日月运行，一寒一暑。乾道成男，坤道成女。"意思是说，在天上形成表象，在地上有不同的形态，事物变化的道理就显现出来了。因此，阳刚（—）和阴柔（- -）互相磨切交感，八卦又相互重叠。雷电在鼓动，风在吹拂，雨在润泽，日月往来运行，寒暑推移交替。乾刚象征着男性，坤柔代表女性。《易经》六爻的符合和变动，反映了天、地、人和谐变化的规律。天道平常、地道简单，贤人之德在于适应天道之规律，贤人之业要利用地道之功能。《易经》提出了"天、地、人""三极之道"相互联系的哲学理念。

《易经》还阐述了“道”与“德”的关系。《易传·系辞上传》说：“夫《易》，圣人所以崇德而广业也。知崇礼卑，崇效天，卑法地。天地设位，而《易》行乎其中矣。成性存存，道义之门。”意思是说，《易》，是圣人用来崇尚道德和宏大事业的。智慧贵在崇高，礼仪贵在谦卑，崇高是效法天，谦卑是效法地。“天尊地卑”的位置确定后，《易》的道理就与其同行。用《易》的道理不断地修养自己，就可以进入“道”和“义”的大门。《易经》在这里讲“道”是“德”的根本，而“德”的修养是进入“道”的门径。

《道德经》关于“道”的概念和“道”的内涵继承了《易经》的思想。

《道德经·第一章》：“道可道，非常道；名可名，非常名。无名，天地之始；有名，万物之母。”在这里，老子开宗明义提出了“道”这一核心概念，既提出了“道”形而上的终极意义，又提出了“德”形而下的现实意义，提出了作为宇宙本体的“天道”、作为自然规律的“地道”和作为人事法则的“人道”的相互贯穿和依存。

《道德经·第四十章》又说："天下万物生于有，有生于无。"意思是说，天下万物产生于可见的有形物质，有形物质又产生于不可见的无形物质。现代物质学认为，物质是人的错觉。爱因斯坦曾经指出：物质形成于场，场是具有能量强度的空间，其中并无一物，因此宇宙中根本没有物质，物质都是有能量之空间结合。当代西方科学家艾德·蔡安则指出：宇宙物质各系统，一般可归纳为物质、能、电荷等，而所有这些都归于零（空）。关于宇宙的起源，现代大多数科学家认可的理论是"宇宙大爆炸"。这个理论认为，现在的宇宙起源于一百五十亿年前的一次大爆炸，此前的宇宙空空如也，了无一物。这类看法与老子的观点是高度契合的。

二、"动静有常"的对立统一观

《易经》的标志性符号——太极图，阴阳共存于一体，又互相转化。它们是对立的，又是统一的。《易经》六十四卦基本上是按一正一反排列的，体现了事物的对立统一规律。如《序卦传》中说："有天地，然后万物生焉。盈天地之间者唯万物，故受之以《屯》。屯者，盈也。屯者，物之始生也。物生必蒙，故受之以

《蒙》……”《序卦传》揭示了事物相生相反的因果关系，如：“泰者，通也。物不可以终通，故受之以《否》。物不可以终否，故受之以《同人》。”泰和否是一对矛盾体，泰是畅通，否是凝滞不通，两者是对立的；但它们又是统一的，没有“泰”就不会有“否”，它们相反又相成。这对矛盾是如何转化的呢？发展下去则是“同人”，这就形成了事物发展的一个链条，体现了事物对立统一的规律。《易经》系统地阐述了宇宙间的事物对立统一的普遍现象，天和地、动和静、刚与柔、高与低、贵与贱……都是矛盾的对立体，它们时聚时散，时分时合，既是矛盾的，又是统一的。

《道德经·第二章》说：“故有无相生，难易相成，长短相较，高下相倾，音声相和，前后相随。”意思是说，所以，有和无相互生发，难和易相互转化，长和短相互彰显，高和下相互依存，音和声相互配合，前和后相互跟随。老子在这里举出了有无、难易、长短、高下、音声、前后等一系列对立的概念，指出了它们既是相对存在的，又是相互依存的，既是对立的，又是统一的。

老子在《道德经》中提出了一系列的对立统一的范畴，并揭示其中的统一、转化的契机。如果加以梳理，大致还有如下的对立统一关系，如“虚其心，实其腹”“弱其志，强其骨”“曲则全，枉则直”“少则得，多则惑”“知其雄，守其雌”“知其白，守其黑”“知其荣，守其辱”“天下之至柔，驰骋天下之至坚”等。所有这些都是对立的，但在一定的条件下又是可以相互转化的。

三、“变动不居”的转化观

《易经》认为事物不是一成不变的，它们之间是可以相互转化的。《易经》的“易”字包含着“变易、简易、不易”的意思。《易经》讲的是事物发展变化的规律。《易传·系辞上传》说：“广大配天地，变通配四时，阴阳之义配日月，易简之善配至德。”意思是说，《易》的广大可与天地相匹配，它的变化如四时转换那样有序，阴阳转化像日月更迭那样有规律，它那简约平易的道理可与至高无上的美德相匹配。《易经》以“物不可以终居”“物不可以终尽”“物不可以终止”反复说明事物“变动不居”，指出世上万事万物不是静止不变的，“《易》穷则变，变则通，通则久”，要“穷、变、通、久”，但事物发展到一定的阶段就会向反方向转换，“穷上反下”“困乎上者必反下”“否终则倾”，这些都体现了矛盾的转化。

《易经》用六爻作为卦象，正是为了表达“天地人三才”的交变。《易传·系辞下传》说：“《易》之为书也，广大悉备，有天道焉，有人道焉，有地道焉。兼三才而两之，故六。六者非它也，三才之道也。道有变动，故曰爻。爻有等，故曰物。物相杂，故曰文。文不当，故吉凶生焉。”意思是说，《易经》这部书，内容广博，无所不包，含有天之道、人之道、地之道。兼顾三才（天、地、人），各以两爻表示，所以一卦有六爻。六爻不是别的，它表示的就是三才之道。天道、人道、地道都是在运动中，所以称为爻。爻有上下等级，所以称为物象。阴阳物象交相错杂，而产生文理。文理有当位与不当位，所以就产生了吉和凶。《易经》认为天上斗转星移，地上春夏秋冬，都按一定的规律在运行着。人居天地之间，也随天地之道的变化而变化。天、地、人是浑然一体的。

对立面的相互转化，就是“变”，这也是《易经》的核心思想。《易传·系辞下传》还说：“《易》之为书也，不可远，为道也屡迁，变动不居，周流六虚，上下无常，刚柔相易，不可为典要，唯变所适。”意思是说，

《易经》这本书，不能须臾离开它，它所讲的道理是不断变化的，运动不止，循环流转于六爻之间，上下往来没有常规，阳刚、阴柔互相变易，不可将它看成恒定不变的经典，只能顺应它的变化趋势。《易经》的六爻都是交互变动的，阴阳刚柔相推而生变化，变化是对立面相互作用的产物，它表现的是时空的统一过程，是万物生成的本身，从一方向另一方的转换，形成永无止息的矛盾运动。正是有赖于对立统一，宇宙万物才能够变化日新，生生不息。

老子传承了《易经》的这一思想，认为任何事物的存在都包含着自己的对立面，向自己的否定方面转化就是道的运动，转化是自主的转化，否定是自我否定。

《道德经·第五十八章》说："祸兮福之所倚，福兮祸之所伏。孰知其极？其无正？正复为奇，善复为妖。"意思是说，灾祸里未必不隐藏着幸福，而幸福里面则可能隐藏着灾祸。这种祸福交互存在的循环，是没有一定的准则的，谁知道它究竟是什么呢？本是正常的东西，随时可能突然间变成怪异的；本是善良的东西，可能突然间变成邪恶的。老子进一步阐释了事物会向它的反面转化的观点。"祸"与"福"是相反的，但在一定的条件下，它们又是相互转化的。有时在得到福的同时，也可能埋下祸的种子，而遭遇祸的同时，未必没有埋下福的种子。这种辩证思维告诉我们，无论是好事，还是坏事，都不要仅仅看短期的现实，而要有长远的观念。既不要在“祸”降临时万念俱灰，失去希望，消极丧气，一蹶不振，也不要在“福”降临时忘乎所以，放任放纵，以免乐极生悲。

老子的矛盾转化观，强调矛盾双方既有空间上的立场互换，又有时间上的演变。当矛盾产生的时候，我们要看到其还有相同的一面，努力发掘和创造共同的利益和需求，这样矛盾就会容易化解，坏事就会变好事。如果一味地强调不同，互相指责，互相争斗，则坏事就会变得更糟糕，这就是空间上立场互换化解矛盾的智慧。当一件坏事发生的时候，我们不必悲观，更不用绝望，一方面要创造条件，努力让坏事转化为好事；另一方面，要耐心等待，等待转机的出现，随着时间的推移，当条件和环境发生变化的时候，这种坏事也许就会变成好事。相反，当好事发生的时候，我们也不要太过乐观，应有居安思危的意识，冷静地看到潜伏的危机，防患于未然。

四、“循环往复”的运动观

《易经》认为事物的发展都经历了一个周期性的、循环往复的过程，春、夏、秋、冬，周而复始地运动，六十四卦从“乾卦”开始，到“未济”结束。事物是不断运动、发展、变化的，永无止境，是一种螺旋式向上的运动。《序卦传》说：“物不可穷也，故受之以《未济》终焉。”“未济”就是事物没有最后完成，没有终结，还将继续向前发展。这是一种自然的回归，可以说回到原点，但又是新的起点，终点同时也是起点，循环往复，永不停息。

《易经》的二十四卦为“复”卦，卦辞说：“反复其道，七日来复。”这是指自然界是按照一定的规律和周期运行的。“反复其道”，是指刚阳的回归遵循一定的规律，“七日来复”是将一月分为四期，每期为七天，即“一星期”。这是一个天体运行的小周期，天体的运行按一定的规律循环往复。

《易传・系辞下传》说：“天地之道，贞观者也；日月之道，贞明者也；天下之动，贞夫一者也。”意思是说，天地的自然规律，以它正确的运行轨迹昭示于人；

日月的运行规律，以正道焕发光明；天下万物的运动变化，都是按正道的规律运行的。

老子也充分地继承了这一思想。《道德经·第四十章》说："反者道之动，弱者道之用。"意思是说，道的运动是通过循环往复实现的，道的作用是微妙、柔弱的。

"循环往复"的运动观，是否定之否定规律的体现，是天地之道。如一天日夜交替，一年春夏秋冬运行，不断地在循环。人类社会也是如此，分久必合，合久必分。人的生命从生到死，又从死到生，生生不息，循环往复。马克思主义的运动观则把循环发展过程看作是一个螺旋式上升的运动，每一个循环都可能发生一个质变。

五、"生生不息"的发展观

《易传·系辞上传》说："富有之谓大业，日新之谓盛德。生生之谓《易》，成象之谓乾，效法之谓坤，极数知来之谓占，通变之谓事，阴阳不测之谓神。"意思是说，广泛拥有才能叫"大业"，日新其德才能叫"盛德"，阴阳转化，生生不息，这就是《易》。仿照天的规律而成乾，效法地的功能而成坤。运用卦爻数来预知未来叫作占，通权达变而行动叫作事，阴阳变化而不可预测的叫作神。《易经》在这里指出了《易》的本质就是“生生不息”的发展和变化。

《易传·系辞上传》认为，“《易》有太极，是生两仪，两仪生四象，四象生八卦”。《易经》在这里揭示了事物的发展过程。“太”者大也，“极”者远也。“太极”就是在那遥远的时期，天地尚未分开，还是一个浑然一体的气团的时期。“两仪”就是天地，混沌初开，天地分明。“四象”就是四时，“八卦”就是八种物质。“八卦”又衍生出六十四卦，至此，万物及人类就诞生了，万物生生不息，运化无穷。

《道德经·第四十二章》说：“道生一，一生二，二生三，三生万物。万物负阴而抱阳，冲气以为和。”意思是说，道是万物的本原，道生成阴阳二气，阴阳二气相交而形成有形之物，万物正是这样生成的。万物背阴而向阳，在阴阳二气的互相激荡中形成和谐匀适的状态。

《易经》与《道德经》描述的事物的发展过程也是一致的。

“《易》有太极”：即宇宙处于“无”的状态，易＝0，对应的是“道生于无”。

“太极生两仪”：阴阳的第一次分化，对应的是“道生一”。

“两仪生四象”：阴阳的第二次分化，对应的是“一生二”。

“四象生八卦”：阴阳的第三次分化，对应的是“二生三”。

“八卦衍生六十四卦”：阴阳的第四次分化，对应的是“三生万物”。

除此之外，《易经》的意象思维，《道德经》也加以传承，如《易经》的“乾”卦以太阳为意象，象征刚健有为、自强不息的精神，“坤”卦以大地为意象，象征方正广阔、厚德载物的精神。《道德经》也是如此，用“上善若水”象征完美的品格和近于道的理性，用“风箱”象征“虚空”的妙用。

《易经》中还有“物极必反，否极泰来”“导气令和，引体致柔”“阴阳为体，辩证为用”，诸如此类的辩证思维，在《道德经》中也可以找到。

从以上的分析中，我们可以看到《道德经》辩证思维的源头来自《易经》，但比《易经》更为系统、表述得更为生动，《道德经》把辩证思维这一抽象的思维方式讲得具象、生动，使人更容易体悟和感知。

第三讲　《道德经》辩证思维的主要内容和特征

人的思维方式决定了人的视野、胸怀、心志，也决定了人的智力和创造力。是否具备辩证思维、科学思维，是判断一个人是智者还是愚者的标志。独立的思想、丰富的想象力、深刻的观察力都是创造发明必备的条件，而所有这些都离不开辩证思维。《道德经》用辩证思维为我们打开了一扇智慧之门。在这一讲里，我将对《道德经》的辩证思维方式作一些介绍。

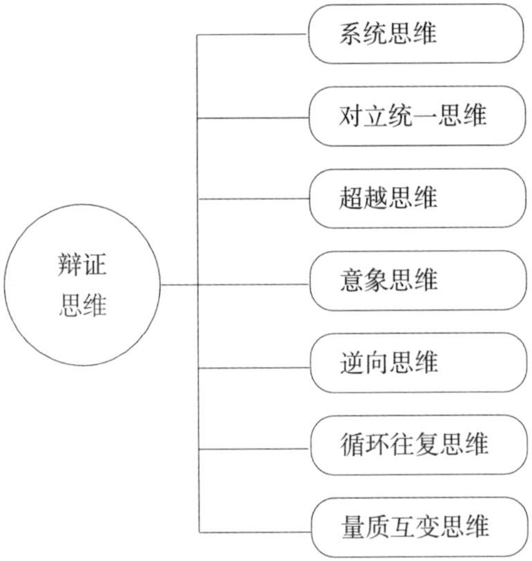

一、系统思维

系统思维，也叫整体思维，是东方人独特的思维方式，是用系统的眼光从结构和功能的角度审视相互联系的世界，它是用全面的、整体的、长远的思维来认知世界。系统思维认为系统是由相互作用和相互联系的若干组成部分结合而成的，具有特定功能的有机整体。系统总是存在于一定的环境中，并与外界进行物质、能量、信息的交换。系统思维研究的是系统、要素、环境三者之间的相互关系和规律，是“统揽全局”的思维方式。《道德经》在这方面尤为突出，这种思维方式突出表现在对“道”的认识上。

《道德经》认为，“道”是浑然一体的东西。《道德经·第二十五章》：“有物混成，先天地生。寂兮寥兮，独立不改，周行而不殆，可以为天地母。吾不知其名，字之曰道，强为之名曰大。大曰逝，逝曰远，远曰反。故道大，天大，地大，王亦大。域中有四大，而王居其一焉。人法地，地法天，天法道，道法自然。”意思是说，有一种浑然一体的东西，先于天地而存在，没有声音，也没有形体，永远不依靠外在的力量，循环运行而没有止歇，它可以算作天下万物的根本。我不知道它的名字，把它叫作“道”，勉强地给它起个名字叫作“大”。它广大无边而周流不息，周流不息而伸展遥远，伸展遥远而返回本原。所以，“道”是大的，天是大的，地是大的，王也是大的。宇宙之中有着“四大”，而王是其中之一。人取法于地，地取法于天，天取法于“道”，“道”取法于它自己。

老子认为“道”是万物的根本，世界的本原。大，是道的基本性质，由道所生的天、地、人也同样拥有这个性质。他把天、地、人看成一个整体。“人法地”，人依赖大地而生存，大地给人类提供了衣、食、住、行等条件，这是人与“道”相联系的第一个环节。“地法天”，人的行为取法于大地，而大地则要取法于天。天行健，阳刚之气充盈，周流不止，生生不息；大地不言，只是跟随天的变化默默地调整自己。春天，天气温暖和煦，万物生机勃发；夏天，天气炎热，万物生长；秋天，天气转凉，万物结果；冬天，天气寒冷，万物收藏，这就是春生、夏长、秋收、冬藏。大地跟随天的运行而改变，在这里形成了“天地人和”“天人合一”的局面。这是天与地相联系的第二个环节。“天、地、人”形成一个系统，结成一个整体。天地失序，春行冬令，冬行春令，各种自然灾害就产生了。而人违背了自然规律，破坏生态环境，同样，必然导致天灾的产生。为此，老子在《道德经·第四十二章》中说："万物负阴而抱阳，冲气以为和。"世界万物必须阴阳平衡，达到和谐的状况。

《道德经》认为，"系统性"是"道"的主要特征。《道德经·第三十九章》说："昔之得一者，天得一以清，地得一以宁，神得一以灵，谷得一以盈，万物得一以生，侯王得一以为天下贞。"在这里，"一"指的是"道"，也指系统和整体。意思是说，天地万物都有生成的总源，那就是道，也可称为一。自古以来天得一才能清明，地得一才能宁静，神得一才能灵妙，谷得一才能充盈，万物得一才能化生，侯王得一才能使天下安定。在这里，老子用"一"，指形成了一个和谐的系统和整体。天、地、神、谷、万物以及侯王，都依"道"而行，形成了一个相互协调、和谐共处的局面，这样，就能达到清明、宁静、灵妙、充盈、化生、安定的结果。这正如一部机器，各个零件的运转是独立的，又是协调的，达到统一、和谐的状态，机器才能运转自如。人体的健康也必须处于"一"的状态才是最佳的，人体的五脏六腑、气、血、筋、骨等也是相互联系的，某一方面有了缺陷，就会引起连锁反应，给其他的器官带来负累，最终导致整体运行的失序和系统的紊乱。

《淮南子·原道训》对《道德经》的系统思维作了阐发。“道者，一立而万物生矣。是故一之理，施四海；一之解，际天地。其全也，纯兮若朴；其散也，混兮若浊。浊而徐清，冲而徐盈，澹兮其若深渊，泛兮其若浮云；若无而有，若亡而存。万物之总，皆阅一孔；百事之根，皆出一门。”意思是说，在大道安定于“一”的规律以后，万物便跟着产生了。故此“一”的道理施于四海都准确，解构“一”的原理，便知道宇宙的运行。大道整全的时候，纯洁朴素；扩散的时候，混沌得好像污浊般。它的浑浊慢慢变得清晰，由虚空渐渐充满，淡泊时有如深渊，飘浮时有如浮云；好像无却是有，好像消亡却是存在。万物的总览，都由“一”这个小孔看到；百事的根源，都由“一”这个门户开展出来。文中指出“一”是大道的整体。要明白对“道”的认识、体悟、践行，必须从整体、宏观、系统去观察，切莫用孤立、分割、微观的视角去观察，这样才能理解万物的变幻。

《道德经》认为“道”是作为一个整体、系统而存在的，又发挥着系统、整体的力量，这一思维方式为现代系统科学奠定了基础。今天，系统分析、系统辨识和系统工程都是建立在系统思维的基础之上。可以说，人类已经进入了系统时代，系统思维在许多复杂的大型工程中发挥了重要的作用。如卫星系统工程、城市规划和建设系统、环境生态系统等，都需要借助系统思维方式去解决问题。系统思维为我们提供了一个新的视角，我们在运用时要注意如下的问题：

一是要注重要素之间的相互关系，确保整体的运行有序、顺畅。系统思维认为系统是由相互作用、相互联系的若干“元素”组合而成的，每一“元素”发挥着各自独特的作用。它要求注重系统性、整体性协调，注重各要素的优化组合。正如一部机器的运转一样，假如有一个部件损坏或不协调，就会影响到整体的运行。为此，必须谨小慎微，一丝不苟，注重协调性。俗话说，“千里之堤，溃于蚁穴”，每一个个体既是独立的，又是整体的一部分。正如身体细胞的健康，才能保证人的身心的健康。因此，系统的、整体的思维要求我们从事物的发展链条上去看问题，注重链条的衔接和完整，防止每一个运动过程中的部件发生故障。

宋代大中祥符年间，皇宫发生火灾，朝廷决定复建皇宫，主管该工程的大臣丁谓运用系统思维的方法按时保质地完成了复建任务。首先，他在皇宫前大街的空地取土，解决了“取土”的难题；很快，路边挖出了河道，引汴河水入河道；接着利用开挖的河道运送各种建筑材料。皇宫建成后，他又让大家将拆下来的碎砖瓦连同灰烬填进沟里，恢复了大路。这样既节省了时间，又节约了经费。丁谓智修皇宫，就是充分把握各种要素之间的相互关系，使系统往有序和互相促进的方向发展，同时，又把握了系统要素的相克性质，促进其向反面演化，最终达到理想的效果。

二是要统揽全局，注重整体性。系统思维认为世界上任何事物都可以看成是一个系统，系统是普遍存在的。大至浩渺的宇宙，小至一粒种子。可以说，整个世界都是系统的整合，只有统揽全局，注重资源的优势整合，才能实现 1 + 1 等于 2 的效应，发挥整合的优势。系统和整体思维是爱国主义、集体主义和家国情怀的思维基础。俗话说，“覆巢之下，焉有完卵”“家是最小国，国是最大家”，每一个人都是国家的一分子，“国家兴亡，匹夫有责”，只有国家富强，才有个人和家庭的安宁、富足与幸福，这是中国集体主义的价值观和西方个人价值观的不同之处。

我国古代都江堰水利工程是运用系统思维的典范。都江堰水利工程由鱼嘴、飞沙堰、宝瓶口三项主体工程和120多个附属渠堰工程组合而成。位于江中的鱼嘴犹如一把利剑，将岷江一分为二，让靠近内江的水直泻宝瓶口，流灌川西平原，而宝瓶口又迫使岷江之水由西向东穿山而过，排洪、防旱；飞沙堰使内江之水平时逼进宝瓶口，洪水时溢过堰顶回流入外口，避免内江灌溉受灾。三大主体工程同120多个附属渠堰工程既分工又合作，各自发挥独特作用，使整个工程具有调节水势、灌溉良田、飞水防洪、飞沙防涝的多种功能，达到了变水患为水利，调节生态平衡的目标，堪称系统工程的杰作。

三是要高瞻远瞩，用战略的眼光去处世。“不谋全局者，不足以谋一域”。我们思考问题不能从自己的小天地出发，更不能“坐井观天”，不能以眼前的、局部的利益为出发点，而应当“风物长宜放眼量”，谋划一些带有长远性、战略性的问题，多思考百年大计，凡事都着眼于未来，多做功在当代、利在千秋的好事，多为子孙后代着想，不做竭泽而渔的短视行为，甚至当局部利益与全局利益发生冲突时，要敢于放弃局部利益。

四是要坚持共享共赢，增强人类命运共同体的意识。系统、整体的思维，不但要求有家国情怀，而且还要求有宽广的胸怀和国际视野，共克时艰，和衷共济。特别是在重大灾害面前，谁也无法独善其身，因此，要有人文情怀和构建人类命运共同体的意识，携手面对人类共同的敌人。比如面对新冠病毒的肆虐，人类只有合作、共享，才能战胜共同的敌人。如果只是隔岸观火、袖手旁观，初期是害他人，最后也必然危及自己。一方面，要防止“城门失火，殃及池鱼”，及时设置“救火墙”；另一方面，要坚持合作、互动的态度，给人以救助，这才是人间正道。

二、对立统一思维

老子的辩证思维最突出的是对立统一的思维，即事物都是相对而言的，存在互相对立的一面，但它们之间又并非绝对的对立，而是可以相互转化的。这教导我们要摒弃绝对化、片面化的思维方式，既要看到事物对立的一面，又要看到事物统一的一面。老子认为，高下、美丑、前后、祸福这些都是相辅相成、对立统一的，甚至在某种条件下是可以相互转化的，正所谓“祸兮福之所倚，福兮祸之所伏”。这是中国古代最伟大的辩证法思想，让我们看到对立物之间的真实关系。下面，选择两个具有代表性的对立统一的关系作一点分析。

一是“美丑相衬”的审美观。《道德经·第二章》说：“天下皆知美之为美，斯恶已。”意思是说，天下的人都知道什么是美，丑的观念也就形成了。美学家认同“美”有客观的标准，比如人的脸部符合“黄金分割线”的比例，可以称之为美。但“美”又是一种主观感受。通常有人说：“人因可爱而美丽，而不是由美丽而变得可爱。”还有一句话叫“情人眼里出西施”，由于人的主观审美标准不同，对美的判断也有所不同。但是，假如大家都认同一种审美观，丑的审美标准也就确立了。美与丑是相对而言的。老子在这里绝不是说因为全部的价值判断都是相对的，所以这些判断就都没有什么意义了，而是告诉我们，任何价值取向都存在对立面，人们在崇尚美的同时，也就已经承认丑的存在。老子的这一审美观告诉我们：第一，不要把个人对美丑的判断作为标准强加于别人，由于每个人的兴趣、爱好、品位、视觉不同，对美的判断是有差别的。“萝卜白菜，各有所爱”，应当求同存异，承认差别，尊重选择。第二，既要追求完美之美，也要欣赏残缺之美；既要看到外在之美，更要欣赏内在之美。世界上的人和物称得上完美无缺的是极少的，西施是中国古代的“四大美人”之一，长得很美，有“闭月羞花，沉鱼落雁”之貌，但遗憾的是她有“心绞痛”的毛病，常常用手捂着胸口。《红楼梦》中的林黛玉可以说是“才貌双全”，但也有品性清高、忧郁、孤傲的弱点。《巴黎圣母院》中的撞钟人长得很丑，但他心地善良，也有可爱的一面。故有审美疲劳也有审丑疲劳，美与丑是相对而言的，并不是绝对的。“断臂维纳斯”虽然残缺，但给人以无限的想象，这是一种残缺之美。“弦月”虽然没有“满月”的丰盈，但给人无限的遐想，“弯弯的月亮”是另一种美的形态。我们在待人时，不要“求全责备”，因为“金无足赤，人无完人”，即使是“圣人”也有缺陷。所以应以宽容、包容的态度待人；我们在处世时，要追求完美的境界，但由于受到能力和客观条件的限制，往往难以做到完美，十分能达到九分，也是不错的。第三，“美”的表达应当借助“丑”的映衬。在自然界中，春天的百花争艳与冬天的万木萧条相比，更显出春天的明媚、阳光和生机。在人类社会中，善良与邪恶、诚实与虚伪、正直与奸诈、仁爱与残忍等，在对比中更显出美的高尚和伟大。老子的这种思维方式要求我们对美与丑的评判要尊重个人的主观体验，防止审美的以偏概全，也要学习以丑衬美的表达方式。

二是“有无相生”的发展观。老子在《道德经》中对“有”和“无”的论述是比较多的，粗略地统计有十几处之多。

《道德经》认为“有生于无”。《道德经·第一章》：“无名，天地之始；有名，万物之母。故常无，欲以观其妙；常有，欲以观其徼。”意思是说，“无”是天地的源起；“有”是万物的开端。所以，要经常从“无”中去观察“道”的奥妙，从“有”中去认识“道”的端倪。老子认为所谓“无”，指的是万物生长之前的混沌寂寥的状态；所谓“有”，指的是万物的形体生成之后的初始状态。

《道德经》认为“有无相生”。《道德经·第二章》：“故有无相生，难易相成，长短相较，高下相倾，音声相和，前后相随。”什么叫作“有无相生”呢？最典型的就是生命从孕育到死亡的整个过程。一个生命，在孕育和出生之前，是不存在的，是“无”；而当父母的精子和卵子结合以后，就有了形体和生命，这就是“有”，这是“无中生有”。生命经过了成长、壮大、衰老到死亡，这时生命又不存在了，又复归于“无”，这就是生命来自大地，又复归于大地，经历了无—有—无的过程。

《道德经》认为“有无互补，互相依存”。《道德经·第十一章》：“三十辐共一毂，当其无，有车之用。埏埴以为器，当其无，有器之用。凿户牖以为室，当其无，有室之用。故有之以为利，无之以为用。”意思是说，车轮上的三十根辐条集中到一个车毂中，正是因为它有了中间空虚的地方，才有了车的用途。揉和泥土制作陶器，正是因为陶土的中空，才有了器皿的用处。开凿门窗制作房室，正是因为门窗的空隙，才有了房室的用处。因此，“有”带来便利，“无”带来用处。老子在这里进一步阐述了“有”和“无”的辩证关系，他列举了车、器和室这三个器物，指出了“有”与“无”是一种互补的关系。车的轮子，如果没有中间的圆孔，车轴就无法运转；我们日常生活中的器皿，如碗、杯，如果不是空的，就不能用于盛饭、装水；我们住的房子，如果没有门窗，人就会被憋死。因此，“无”与“有”同样重要。正是有了“无”，“有”的作用才能发挥，“无”为“有”创造了条件。

《道德经》认为有无又是相互转化的。《道德经·第四十章》：“天下万物生于有，有生于无。”意思是说，天下的万物产生于可见的有形物质，有形物质又产生于不可见的无形物质。老子认为纷繁复杂的世界其实是来自于“无”的，即这个世界的本质是“空”的。其实“有”与“无”并没有明显的界限，人们往往把肉眼看得到的东西当作“有”，把肉眼看不到的东西当作“无”，这是一种错觉，现代物理学已经证明了这一点。老子“有无相生”的思维告诉我们如下的道理：

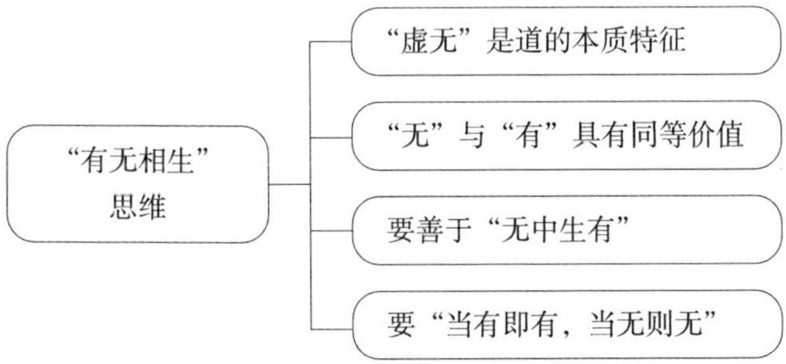

第一，“虚无”是道的本质特征。“无”并不等于

零，只不过是人们肉眼看不到或者感知不到而已，其实也是一种客观存在。如“风”和“空气”是无形、无色的，但是有巨大的能量。比如十二级的台风可以把大树连根拔起；“空气”是人看不到的，但也是我们须臾不可离开的；还有电磁场，虽然我们看不到，但通过运动，却可以产生“电能”。为此，我们切不可把肉眼看不到的东西当作“无”。中国科学院院士施一公先生说，物质有三个层面：

一是宏观的，就是我们可以感知到的，直觉可以看到的东西，比如人是一种物质，房子也是一种物质，天安门、故宫都是物质。

二是微观的，包括肉眼看不到的，但可以借助仪器感知到、测量到的东西，我们从直觉上认为它们存在，比如说原子、分子、蛋白质，或者很远的一百亿光年以外的星球。

三是超微观的。对这一类物质，我们只能用理论推测，用实验验证，但是从来不知道它是什么，包括量子、光子。尽管知道粒子可以有自旋和能级、能量，但是我们真的很难通过直觉理解，这就是超微观世界。

他还说：“科学发展到今天，我们看世界完全像盲人摸象一样，我们看到的世界是有形的，我们自己认为它是客观的世界。其实我们已知的物质的质量在宇宙中只占 4%，其余 96% 的物质的存在形式是我们根本不知道的，我们叫它暗物质和暗能量。”因此，我们要注重“无”的状态，看到“无”是“有”的本原。

第二，“无”与“有”具有同等价值，甚至有时“无”比“有”具有更大的价值。人的创意是无限的，有形的物质是有限的，一种理论、一个发明会产生巨大的力量。爱因斯坦发现了相对论，使科学家造出了原子弹，使人类利用核能发电，既经济又环保，这个“无”产生的“有”，给人类带来了深刻的影响。精神、道德、文化、理论往往是无形的东西，它比有形的物质更宝贵，它不但可以产生经济效应，而且可以穿越时空成为不朽的东西。在物质文明日益发达的今天，有的人追求看得见、摸得着的物质，而忽视了精神的价值，结果导致人文精神的失落和心灵的迷失，因而变得低俗，甚至成为物质的奴隶，这是一种可悲、可怜的现象。我们在价值判断上，不但要注重实体的价值，更要注重思想文化的价值，注重精神力量的价值。一个学说、一个理念往往可以改变历史，创造惊人的财富。可惜，这种无形的价值并未引起人们的重视。

第三，要善于“无中生有”。“无中生有”其实是一种创新力、创造力、想象力。“思想有多远，行动就有多远。”一个“金点子”往往是致富的一个门道。在今天知识经济的时代，创意就是财富。

第四，要“当有即有，当无则无”。老子认为“有”与“无”既相互区别，又相互联系。“有”之以“无”为用，“无”之以“有”为用，“无用”往往也可以有“大用”。《庄子·山木》中讲了这样一个故事：一次，庄子在山中行走时，看见一棵大树枝繁叶茂，可是伐树的人却停留在旁边而不去砍伐它。庄子问伐木工为何不砍这棵大树，伐木工说：“这树没有什么用处。”庄子由此感慨地说：“这棵树就是因为不成材而能够终享天年啊！”这正如我们学习经典一样，看似无用，实为大用。经典讲的是大道，讲的是思维方式，讲的是高深的理论，与实用技术相比，看似花费了时间而无用处，其实它提供的是人文精神、科学精神以及辩证思维，统率着器与术，一个不懂中华经典，不懂“大道”的人，是不可能成为大师级的人物的。因此，我们要读“有用”之书，更要读“无用”之书。人不是机器，在钻研技术的同时也应该看"闲书"，读些文、史、哲方面的书籍。正如英国哲学家培根所说，"读史使人明智，读诗使人灵秀，数学使人周密，科学使人深刻，伦理学使人庄重，逻辑修辞之学使人善辩"，读"无用"之书，使人德、智、体、美得到全面发展，成为一个健全的人。

首先，老子对立统一的思维充分地肯定了事物的相对性。《道德经·第二章》说："故有无相生，难易相成，长短相较，高下相倾，音声相和，前后相随。"老子认为事物之间两者相比较而显现，相对应而依存。因此，我们要看到事物的对立面，也即善异性。

其次要看到对立的双方是统一于一个整体之中，它们是可以相互转化的。如生命从孕育到死亡的整个过程，是从无到生、由生到死的转化，也是从无到有、从有到无的转变过程，对立的双方在一定的条件下是可以转化的。

再次，对立统一的思维促进"对立"走向"统一"，即"中和"的状态。在现实生活中，人们往往忽视了"统一"的一面，夸大了"对立"的一面，这样必然造成事物的对立和不可调和，往往导致两败俱伤的结果，正确的做法应该是采取"中和"的办法，寻找"最大公约数”，最终达到“统一”的局面。

三、超越思维

“非此即彼”是一种传统的思维定式，小的时候看电影，常常问大人，电影中的人物哪些是好人，哪些是坏人。好人与坏人是我们评价人的尺度，其实好人也有坏的地方，坏人也有好的地方，只不过好坏哪个占主导地位而已。在人世间，除了好人与坏人之外，也有处于中间层次的人，即不好也不坏。我们说老子的思想充满智慧，这是因为它超越了“两极”的思维，而在两极之中找到一个新的平衡点，在两极的融合中找到一个新的生长点，这就是一种超越的思维。

老子认为“道”本身就具有超越性。《道德经·第一章》：“道可道，非常道。”意思是说，能用语言表述出来的“道”，都不是永恒的、终极的“道”。老子在开篇就指出了“道”是具有超越性的，它能够涵盖世间的一切，是天地万物的根本法则，因而是玄妙的，超越了客观现象。

《道德经·第十四章》说：“视之不见名曰夷，听之不闻名曰希，搏之不得名曰微。此三者不可致诘，故混而为一。其上不皦，其下不昧。绳绳不可名，复归于无物，是谓无状之状，无物之象。是谓惚恍。”意思是说，看它却看不见，这叫作“夷”；听它却听不到，这叫作“希”；摸它却摸不着，这叫作“微”。这三者，无法进一步追究，因此它们是浑然一体的。它的上面并不明亮，它的下面也并不晦暗，渺渺茫茫，不可名状，又回到无形无象的状态，这就叫作无状之形、无物之象，叫作若有若无的“惚恍”。老子在这里描述了“道”的形、声、体，它是微妙、玄通、深不可识的，不能停留在人表面的感知上面，必须在静思中进行超越性的思维。庄子在与东郭子探讨如何悟道时，认为要有超越性的思维，必须保持平淡天真的心态。这是因为，凡是有“我执”，必然不可能超越自我，作出客观、公正的判断。

老子认为“和”是实践超越思维的核心。《道德经·第四十二章》：“道生一，一生二，二生三，三生万物。万物负阴而抱阳，冲气以为和。”意思是说，道是万物的本原，道生成阴阳二气，阴阳二气相交而形成有形之物，万物正是这样生成的。万物在阴阳二气的互相激荡中形成和谐匀适的状态。老子的这段话有几层意思，一是“道”是一分为二的，正如“太极生两仪”，即

"常道"和"非常道"，这是一体的两面，它又是一个统一体；二是描述了事物从量变到质变的过程，"一生二""二生三""三生万物"表现了一个"量变"的过程；三是"一生万物"不是简单的数量相加，而是在每一个"生"的阶段，都包含一个"质"变，是一种超越，两种不同的物质相互融合而产生了一种新的形态的物质，这就是一种超越。正如杂交水稻一样，两个不同的品种"杂交"产生了高产、品优的新品种，两种不同学科的交叉融合，产生了新的学科。这种运行的逻辑顺序是"一正一反一合"，是一种超越的思维。老子的超越思维给我们以如下的启示：

第一，超越必须以“和”作为基础和前提。老子说，“冲气以为和”，这与儒家“致中和”的思想是一致的。“和”不仅仅是折中、平衡、均衡，而且是一种融合、和合，实现“正—反—合”的结果。为此，我们在处理问题时，不要过多地放大对立面，而应寻找共同点，在“差异中求大同”，在异质的事物中寻找共性的东西，从而实现新的融合跨越。

第二，超越必须尊重从量变到质变的积累过程，不能急于求成。司马迁在《史记·律书》中说：“数始于一，终于十，成于三。”龚自珍在《壬癸之际胎观第五》中说：“万物之数括于三：初异中，中异终，终不异初。”哲学家黑格尔在《哲学史讲演录》中说：“一切的一切都是由三无决定的。因为全体的数有终点、中点和起点；这个数就是三无。”对立统一的共同模式是一始、二分、三合，就是从量变到质变的过程。为此，作为“质变”的超越必须经过一个量的积累，不能急于求成。我们通常说，做学问需要有一个厚积薄发的过程，从博到精，从精到约，这就必须沉住气，学会融会贯通，等待开悟的一天。正如佛陀在菩提树下静坐了七七四十九天，在最后的一天开悟了，心里豁然开朗，建成了佛学的思想体系。

第三，超越思维要守正创新。守正是恪守正道，是符合事物的客观规律。超越并不是胡思乱想，也不应是异想天开。它须基于“道”的本原，假如偏离这一大道，那么，就会走到邪道上去，轻则碰得头破血流，重则身败名裂。

第四，超越思维要以创新为动力。超越犹如马拉松比赛，假如按部就班，因循守旧，永远会落在后头。超越者的唯一途径就是创新，不是弯道超车，而是另辟蹊径，敢于走别人没有走过的新路。超越是以创新为路径，在模仿、借鉴的基础上，创造新的东西。

第五，超越思维从“悟”中得来。“悟”是体悟到宇宙万物的运行规律，在迷惑中灵光闪现，心里豁然开朗；“悟”是在黑暗中摸索，突然之间寻到光明的出口；“悟”是在纷纭复杂的谜团中，找到了问题的要害，找到了解开扣子的办法。人要有“悟”性，必须打破思维的惯性，善于超越束缚，必须有圆融的智慧，标新立异，从小悟到大悟，从大悟到彻悟。

四、意象思维

意象思维是运用浅显的物体作为比喻，把深奥的道理讲得通俗易懂，把抽象的道理讲得生动有趣，这种思维在文学中是带有诗意的表达。

抽象思维和意象思维是两种互补的思维方式，《道德经》把这两种思维方式运用得淋漓尽致，在对“道”的内涵、功能、作用的论述上，《道德经》运用的多是抽象思维；但在“德”的层面的论述上，《道德经》运用更多的是意象思维，用丰富的意象给人以深刻的印象。

《道德经》的意象思维沿用了《易经》的思维方式。《易经》的八卦，用阴阳符号的组合表示了八种物象：“天（乾）、地（坤）、山（艮）、雷（震）、火（离）、水（坎）、泽（兑）、风（巽）。”八卦与易的本质表现为“象”，卦象就是象，卦辞和爻辞，则来自“象”。《易传·系辞下传》说：“易者，象也。象也者，像也。”意思是说，《易》，就是卦象和爻象；而卦象和爻象又是模仿万物的形象。《易传·系辞上传》说：“是故夫象，圣人有以见天下之赜，而拟诸其形容，象其物宜，是故谓之象。”什么是“象”？“象”是圣人见到天下事物纷纭杂乱，经过物象再归纳成具体的形象，与事物本身相似相宜，故称为“象”。《易传·系辞上传》还说：“圣人立象以尽意，设卦以尽情伪，系辞焉以尽其言，变而通之以尽利，鼓之舞之以尽神。”意思是说，圣人发明了阴阳符号以表达自己的意思，设立了八卦来区分事物的真伪，在卦爻下撰写爻辞尽情表达自己的言论，用变化和会通的理论来利于天下，并大力宣传，推广以昭示它们的神奇。《易经》思维核心立足的出发点是立象，即人们对自然、社会长期观察与体会而产生的一种认知基础。《易经》的思想表达，正是通过立象设卦，象辞、会通，来概括世上万物的神奇变化的。

《周易》的基本思维方式就是“取象于天”。如乾卦的卦爻辞，生动地描写出龙曲折的生命轨迹，以此来模拟人的生命轨迹或事物曲折前行的进程；如坤卦，就是在引导人们效法大地的品性，所谓“地势坤，君子以厚德载物”；如震卦，即是以雷声阵阵来警惕君子修德自省。三国时期的经学家王弼在《周易略例·明象》中说：“夫象者，出意者也；言者，明象者也。尽意莫若象，尽象莫若言。言生于象，故可寻言以观象；象生于意，故可寻象以观意。意以象尽，象以言著。”他在这里指出语言、具象与意义的关系，他认为，语言表达形象，形象表达意义，语言与意义的中介就是“象”，“象”成为语言表达意义的关键和核心。

《道德经》借鉴了《易经》的思维方式，多次运用了意象思维。运用具象、形象和现象阐述深奥、抽象的道理和事物辩证的关系。

如用“风箱”比喻“虚空”的妙用。《道德经·第五章》：“天地之间，其犹橐籥乎？虚而不屈，动而愈出。”意思是说，天地之间，难道不像个风箱吗？虽然是空虚的，但力量却不会穷竭，越是鼓动它，产生的能量就越多。“风箱”的意象给人们直观和形象的理解，以此说明“虚空”的妙用。

又如《道德经·第十章》：“载营魄抱一，能无离乎？专气致柔，能婴儿乎？”意思是说，精神与形体相配合，执守住“道”，能够做到不离开吗？集中精气，达到柔和，能够做到像婴儿一样吗？老子用婴儿比喻“营魄抱一”“专气致柔”，生动形象地表达“道”“抱一”“致柔”的状态。

再如，用自然现象诠释刚猛的力量难以持久的道理。《道德经·第二十三章》：“故飘风不终朝，骤雨不终日。孰为此者？天地。”意思是说，狂风不会持续吹一个早上，暴雨不会持续下一整天，是谁造成的这种现象呢？是天地。老子用风雨这一自然现象，比喻要行稳致远，不要急于求成，否则会适得其反。

老子在《道德经》中运用意象思维最为突出的是“水”，用“水”来讲“道”的本质和“德”的表现。

《道德经·第八章》说：“上善若水。水善利万物而不争，处众人之所恶，故几于道。居善地，心善渊，与善仁，言善信，正善治，事善能，动善时。夫唯不争，故无尤。”这段话的意思是说，最高的善就像水一样。水善于帮助万物却不与万物相争，而让自己停留在人们所厌恶的地方，所以水是很接近“道”的。居处善于选择合适的地方，心思善于沉静，施与善于仁爱，言谈善于诚信，为政善于治理，做事善于达成既定的效果，行动善于选择合宜的时机。正是因为不争，才不会遭受责怪和怨恨。老子用水来比喻善的品格。水的品格是什么？老子认为主要表现在两个方面：一方面是“不争”，另一方面是“善利万物”。唐宋散文八大家之一苏辙曾在《老子解》一书中对“水”的“七善”作了阐释：居善地——“避高趋下，未尝有所逆”；心善渊——“空虚寂寞，深不可测”；与善仁——“利泽万物，施而不求报”；言善信——“圆必旋，方必折，塞必止，决必流”；正善治——“洗涤群秽，平准高下”；事善能——

"遇物赋形，而不留于一"；动善时——"冬凝春泮，涸溢不失节"。在老子看来，水有着近乎完美的品性，是最接近于道的。

《道德经·第七十八章》又一次以"水"为意象，阐述了柔能胜刚的道理。"天下莫柔弱于水，而攻坚强者莫之能胜，其无以易之。弱之胜强，柔之胜刚，天下莫不知，莫能行。"意思是说，天底下再没有什么东西比水更柔弱的了，但是论攻坚克强，却没有什么东西可以胜过水，因而水是没有任何东西可以替代的。弱胜过强，柔胜过刚，普天之下没有人不知道，却没有人能实行。老子又一次以"水"为例，讲述了"守柔处弱"的智慧。有一个成语叫"水滴石穿"，石头是很坚硬的，但石头经过水日积月累的冲洗，也会留下石洞，是一样的道理。

太极拳看起来是柔和缓慢的，但可以承受巨大的力量的撞击，柔中有刚。有人说，"女子柔弱，为母则刚"，许多女性既有柔弱的一面，但在孩子碰到危险时，也会挺身而出，其坚强是无与伦比的。这些都是如"水"般的高尚品德。

《淮南子·原道训》对"水"的意象作了发挥，说：

“天下之物，莫柔弱于水，然而大不可极，深不可测，修极于无穷，远沦于无涯，息耗减益，通于不訾。上天则为雨露，下地则为润泽。万物弗得不生，百事不得不成。大包群生而无好憎，泽及蚑蛲而不求报……夫水所以能成其至德者于天下者，以其淖溺润滑也。”意思是说，世上万物最柔弱的便是水，然而水大得不能穷尽，深得不可测量，长得流到无穷无尽的极地，远得流淌到无边无际之处，以至于水量的消耗或减损、增加，都不能计量。水汽蒸发上天成为雨水云露，落到地面则润泽大地，万物没有水不能生长，所有事情得不到水便不能成功。宽大包容所有生物，而没有好憎爱恶，遍施恩泽而不求回报……水之所以能够在天下成就至高无上的德性，是因为它用微细柔弱的渗透方式，润泽滋养一切生灵。

从这段话里，我们可以领悟到“水”无私、包容的“大德”，还可以领悟到“水”朴拙、无为、养性、重生的大道之智慧。概括起来，“水”之“大道”含义有如下几个方面：一是水性柔，可以随形应变，具有无限的适应性；二是水性弱，可以忍辱负重，在柔弱中积累力量而变得刚强；三是水性深，胸怀无限宽广，“海纳百川”，包容万物；四是水性变，可以汽化成气，冷却成冰，发挥着独特的作用；五是水性卑，水润一切而不求回报，总是流向低洼之处，润泽万物；六是水性强，水具有很强的渗透力，高山不能阻挠，利刃不能击伤，默默地前行，最终到达目的地。

老子用“水”这一意象，使人产生了联想和无限的遐想，加深了对“大道”的理解，从而使枯燥无味的道理变得生动形象，易于领悟，开启了人的智慧思维。

老子把水作为人格的最高写照，要求人们必须有像水那样的品行：无私、真诚地帮助他人而不求回报；坚强，面对困境依然坚持，愿做他人嫌弃的苦差事；谦虚，不居功自傲，谦逊礼让；包容，毫无嫉妒之心，乐于与其他事物相互融合等。

意象思维与抽象思维是两种思维方式，科学的、辩证的思维是两者的有机结合，即用抽象的思维去思考，用意象的思维去表达，这就是理性与感性的配合。而要使这两种思维都得到开发，必须经过长期的训练。中国的诗歌运用了比兴、讽喻、寄托等手法，表达滋味、风骨、气韵、意象、神韵等，使之更能打动人心。例如唐代司空图《二十四诗品》谈诗之典雅：“玉壶买春，赏雨茅屋。坐中佳士，左右修竹。白云初晴，幽鸟相逐。

眠琴绿阴，上有飞瀑。落花无言，人淡如菊。书之岁华，其曰可读。”什么是典雅？司空图告诉你没有？没有，他只是描绘了系列形象。你明白没有？说不清楚，但似乎又明白了什么。

再如中医。为了让人们明白医理，充分运用意象形成了一整套藏象理论：心为神之居、血之主、脉之宗，在五行属火；肺为魄之处、气之主，在五行属金；脾为气血生化之源、后天之本，藏意，在五行属土；肝为魂之处、血之藏、筋之宗，在五行属木，主升主动；肾为先天之本，藏志，腰为肾之府，在五行属水。中医正是通过这些意象将人体的结构、功能及生理病理进行了描述，使人明白其中的道理。

总之，《周易》有卦象、易象，道家有道象，中医有藏象，文学有意象，一切不离“象”。意象思维是哲理的形象表达。凡是仅用一种思维都是有局限的。只有抽象思维而无意象思维是枯燥无味的；只有意象思维而无抽象思维则缺乏思想高度和深度。只有两者相结合，才是完美的思维。

五、逆向思维

传统的思维方式大多是正向的思维、求同的思维，逆向思维则是对传统思维方式的突破，它是为实现某一创新目标或解决某一用常规思路难以解决的问题而采取的反向思维。逆向思维是求异思维，是一种换位思考，是反其道而“思”之，是一种创新思维能力。老子坚持独立的思想，不随大流，勇于反“潮流”，提出了独特的见解，其思维方式就是逆向思维，即运用反面的概念、道理，阐述正面的道理，充满着独立的思辨、坚持真理的勇气和长远的眼光。

《道德经》的逆向思维，与单线的顺向思维不同，它是双向的、对立统一的思维，在鲜明的对比中证明其理论更有力量。这一逆向思维可以说比比皆是。

老子从逆反的思维中去思考正向的问题。《道德经·第十八章》中说：“大道废，有仁义；慧智出，有大伪；六亲不和，有孝慈；国家昏乱，有忠臣。”意思是说，大道被人为地废弃了，才有所谓仁义；聪明巧智出现了，虚伪狡诈也就产生了；当家庭出现不和睦的时候，才有所谓孝敬、慈爱；国家陷于混乱，才产生所谓忠臣。老子眼光犀利、冷峻，见解深刻。他指出：“大道”被废弃之后，才需要大讲仁义。社会本来就该彼此平等，和睦相处，互帮互助，彼此仁爱，这是天经地义的事，却出现了奸诈虚伪，阴谋欺骗，世风日下，社会不得不提出仁义道德。前一段时间，我们在社会上大力提倡诚信，从逆向的角度看这是因为社会上许多人不讲诚信，社会的诚信体系受到了破坏，这种逆向思考往往能使我们认清社会的真相。

社会是这样，国家也是如此。“忠臣良将”在“国家昏乱”的时代，会彰显其品格，显得格外耀眼，正如唐太宗李世民曾有诗云：“疾风知劲草，板荡识忠臣。”忠臣往往出在乱世。逆向思维要求我们独立思考，学会透过现象看本质，从中得到正确的结论。

老子的逆向思维是正向所求，反向操作。《道德经·第二十二章》：“曲则全，枉则直，洼则盈，敝则新，少则得，多则惑。是以圣人抱一，为天下式。”老子说：委屈反而得以保全，弯曲反而能够伸直，低洼反而可以充盈，陈旧反而可以生新，少取反而可以多得，贪多反而弄得迷惑。所以，圣人抱定“道”的法则作为天下事理的范式。老子在这里提出了反向的操作方式，要使箭射得远，必须把弓拉弯；要使拳头打出去有力度，必须往回收，才具有力道；我们要跳得高，必须往下蹲，才有弹跳力。逆向其实是能量的积累，看似“反”，实为“正”，这是“正”与“反”的辩证法。

老子的逆向思维常用于谋略，他在《道德经·第三十六章》中说：“将欲歙之，必固张之；将欲弱之，必固强之；将欲废之，必固兴之；将欲夺之，必固与之。”老子说：要想收敛它，必须暂且扩张它；要想削弱它，必须暂时增强它；要想废除它，必须暂且兴起它；要想夺取它，必须暂且给予它。有人说这是老子的谋略和权术，其实是一种逆向思维，与上面讲的道理是一样的。诸如此类的论述还有很多，如“天下之至柔，驰骋天下之至坚”“无为无不为”“以其不争，故天下莫能与之争”，等等。

逆向思维似乎是一种消极的思维方式，似乎与积极向上的思维方式背道而驰，其实，这种思维方式更具独立性和批判性，我认为正向思维与逆向思维应当结合起来，两者具有互补性。正向思维可以增加自信心，逆向思维可以减少盲目性。特别是做重大的决策时，既要有可行性报告，也应作不可行报告，通过不可行报告弥补决策的漏洞，避免决策的失误。作为高层的决策者，更要虚怀若谷，愿意听取不同的意见，甚至听取“刺耳”的意见，这样，才能保持清醒的头脑。

逆向思维常用于化解常规无法解决的难题，是创造发明的一大助力。

最早的洗衣机脱水缸使用时会颤抖，并且发出巨大的噪声。为了解决这一问题，设计人员做了许多尝试，但无论是对脱水缸的转轴进行加粗，还是加硬，都无法解决。最后，他们运用逆向思维，在转轴材料上用软轴代替硬轴，成功地解决了问题。现在我们日用的洗衣机脱水缸，平时用手轻轻一推，脱水缸会倾斜，可是在高速运转时却非常平稳，正是因为它的转轴是软的。

逆向思维是一种自省、自励、自我革新的方法。正面的思维、激励可以给人动力，但逆向思维则可以使人冷静、清醒，反躬自省。“忠言”虽“逆耳”，却是应该听取的。

国学大师南怀瑾小时候学习不好，小学肄业后由于不愿去商店做学徒，他父亲就让他在家自修，并请来博古通今的叶公进行辅导。一天，在规定的学习时间内，他却偷着跑出去玩耍，刚好被邻居撞见。知道邻居信佛，常把“慈悲”二字挂在嘴上，南怀瑾就求情，让他别告诉老师，没想到结果还是受到了惩罚。被罚时，南怀瑾既气愤又不解地责怪邻居："一天到晚总把'慈悲'挂在嘴上，难道告密也是慈悲吗？"闻此，叶公道："邻居告诉我你在学习时间跑出去玩，就是一种慈悲。因为，帮他人隐瞒只会让对方在错误里越陷越深，只有说出来并帮助他改正，才能让他越来越好，这可是真正的慈悲啊！"这话不仅让南怀瑾理解了邻居的用心，还使他从此改掉贪玩的毛病。

在南怀瑾看来，既然邻居以"慈悲"为怀，就不该背后"告状"；针对这种错误认识，叶公则由表及里，反向解说：邻居如隐瞒，就是不诚实，并且会让你深陷于错误泥潭，告诉我后，就可以帮助你改正错误。这种为了你越来越好的良苦用心，岂不正是一种慈悲？由于这番话既理据充分，又饱含对南怀瑾向好的期待，能让对方心悦诚服也就不足为奇了。

逆向思维是创造性思维的途径之一，往往会产生超常的构思，出奇制胜。逆向思维要求我们冲破传统的框框和惯性思维的束缚，从相反的方向寻找解决难题的办法。老子说："反者道之动。"反其道而行之恰恰体现了万物运行的规律。逆向思维是一种求异思维，是对传统的刻板思维的挑战。老子的逆向思维给人以启示：不要有功利之心，只关注有用，有时无用也是大用；要懂得留白，艺术要留白，人生也要留白；要懂得易解决了难的问题，小事成就了大事；人生处在“柔弱”时，不必慌张，柔弱往往比刚强有更持久的力量，要很好地控制力量的释放，不要逞强，有时要懂得隐藏实力，懂得韬光养晦；示柔示弱，在暗中积蓄力量，来夺得最后的胜利。

逆向思维常见的方法是从事物的结果倒过来思考。逆向思维从事物的某个条件倒过来思考，就事物所处的位置倒过来思考，就事物起作用的过程倒过来思考，是提高创新能力的思维方式，充分体现了一个人的智慧和能力。

六、循环往复思维

老子认为事物总是发展变化的，这种变化是循环往复的、转化无穷的。它总是由弱变强，由强复弱，然后走向衰亡，再开始一个新的循环。这种思维与马克思主义的“否定之否定”规律有异曲同工之妙，与佛学的“前世、今世、来世”轮回的观点是一致的。

老子认为“循环往复”是“道”的本性。《道德经·第二十五章》说：“周行而不殆，可以为天下母。吾不知其名，字之曰道，强为之名曰大。大曰逝，逝曰远，远曰反。”老子说，有一个东西无形无声、不生不灭，它周行天下，不觉倦怠，无所不在。世上一切的事物，莫不靠它才能生生不息，它可以说是万物的母亲了。这样玄妙的东西，我实在不知道它的名字叫什么，不得已，只好称它为“道”。如果勉强给它起个名字的话，也只能称之为“大”。大到没有极限不会消逝；没有消逝，才称得上远；虽然远，却仍能自远而返。老子在这里讲了大道的运行过程，即大、逝、远、反。这四个阶段就意味着经历了一个循环的过程。反，就是循环往复。《庄子·杂篇·则阳》中也讲了这一理论。太公调回答说：“阴阳之气，互相感应，相消相长；四时的循环，相生相杀；于是产生了欲、恶、去、就。”“至于四时的变化，五行的运转，物极必反，终则复始等现象，都是万物具有的本质。”老子、庄子都认为循环往复是天地运行的自然规律，“物极必反，终则复始”，永不止息，这是不以人的意志为转移的，人必须顺应它。

老子认为循环往复是“道”的运动形式。《道德经·第四十章》："反者道之动，弱者道之用。天下万物生于有，有生于无。"老子说：道的运动是通过循环往复实现的，道的作用是微妙、柔弱的。天下的万物产生于看得见的有形物质，有形物质又产生于不可见的无形物质。

循环往复的思维来自《易经》，六十四卦，从乾卦始，到"未济"终，又开始了一轮新的循环。这种循环往复的思维体现了事物的发展规律，对我们的生产、生活是有指导意义的。

如我们在生产活动中，要按照"春生、夏长、秋收、冬藏"的循环往复的规律，安排农事活动。在日常生活中也要按照四时养生，要"日出而作，日落而息"。而在人的生命历程中，要把生与死同样看成一个自然循环的现象。人的生命，从出生、成长、壮大到衰老、死亡，这是一个必然的过程，从无到有，从有到无，完成了一个循环。我们知道这种循环往复是一个自然的过程，是一个必然的规律，也就无须恐惧衰老，也就能够从容、坦然地面对死亡。明白这一自然规律，可以说就是一种洒脱、超然又不失积极的人生观。

当然，老子循环往复的思维方式也有其缺陷。这种思维是机械地重复，带有消极的因素。辩证的“循环”观，应是顺应自然的发展规律，而又发挥人的主观能动性，力求在每一个循环的过程中实现质的“飞跃”。例如，人由生到死是一个自然的过程，不能认为人反正都要死，故采取虚无主义的态度，或碌碌无为，或醉生梦死，“潇洒走一回”，而应当珍惜生的宝贵时光，立德、立功、立言，为国家、为民族、为他人作出自己的贡献，使生有意义，死无遗憾。

七、量质互变思维

我们知道，事物的发展大都经历了一个从量变到质变的过程，如水，加温到了100℃，就变成了水蒸气，冷却到0℃以下，就结为冰，水的形态和性质发生了改变，这就是从量变到质变的过程。

老子在《道德经》中用物象生动地描述了从量变到质变的规律。《道德经·第六十四章》：“合抱之木，生于毫末；九层之台，起于累土；千里之行，始于足下。”老子说：合抱的大树，是从细小的树苗生长起来的；九层的高台，是由一筐一筐的泥土堆积起来的；千里的远行，是从脚下的第一步开始的。

从量变到质变的规律，告诉我们只有量的积聚才有质的“飞跃”。有一个词叫“厚积薄发”，只有“厚积”达到一定的程度，才能“薄发”。许多远大的目标，都必须靠毅力和耐心，一点一滴去努力完成。这就要去除急功近利、急于求成的心态，踏踏实实，静心潜心，一步一个脚印地往前走。而在量的积累中，也要善于融会贯通，进行异质的交互，从而实现质的升华。质的变化以量的积累为基础，而量的积累则是为了实现质的升华这一目标，这就是量质互变的本质要求。

第四讲　从《道德经》的辩证思维中汲取智慧

《道德经》的辩证思维给我们提供了一种新的思维方式，打破了传统的思维定式，改变了我们的思维惯性，为我们的学习、工作和生活提供了理性的、冷静的判断，有利于我们找到正确的方向，立于不败之地。那么，我们应当从中汲取什么样的智慧呢？下面，作一些介绍。

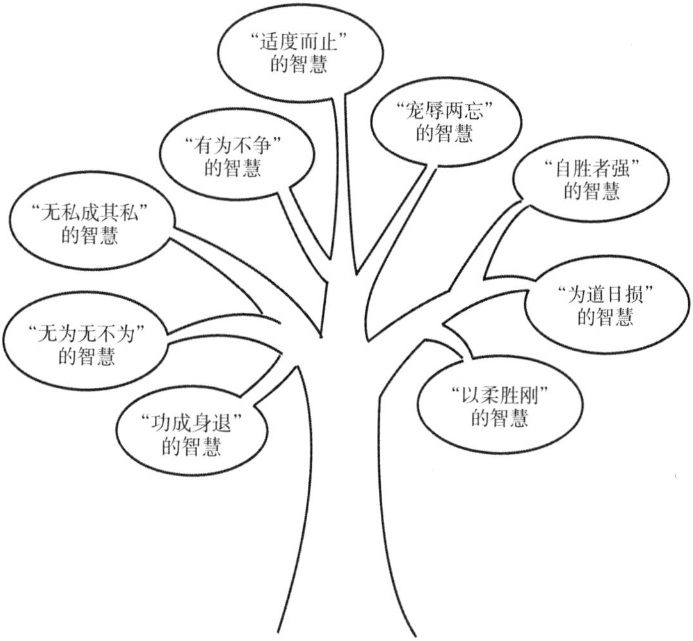

一、"功成身退"的智慧

爱好虚荣，或者说"虚荣心"是人的一大通病。在人生的道路上，总会面临进与退的选择，如何看待名位、利禄，选择进取还是退让，这就需要冷静地分析局势，权衡利弊，用辩证思维作出科学的判断，从而作出正确的选择。对此，老子在《道德经》中作了精辟的论述。

老子在《道德经》中阐述了“功成身退”这一进退的辩证法，“进”往往是一种勇猛、一种担当，“退”却是一种智慧、一种策略。

儒家和道家在“进”与“退”的选择上态度截然不同。儒家是精进的、积极的，主张入世，以济世救民兼济天下为已任；道家则主张出世，主张贵柔处下、弃智愚钝、恬淡无为、潜隐玩世。道家的代表人物庄子，深刻认识到宦海沉浮，仕途险恶，功名利禄不能长久。因此，他拒绝相位之聘，绝尘富贵权势，唾弃功名，隐遁山林，到自然中去寻求“至人无己，神人无功，圣人无名”的精神归宿。如果说儒家也讲退的话，那么这种退仅为“身”退，而道家则是“心”退。老子“功成身退”的智慧主要表现在如下几个方面：

第一，“功成身退”是天之道、地之道，也是人之道。《道德经·第二章》：“万物作焉而不辞，生而不有，为而不恃，功成而弗居。夫唯弗居，是以不去。”意思是说，任由万物生长变化而不加干涉，生养了万物却不占有它们，培育了万物却不自居有功。正是因为不居功，功业才不会离开它。天地有广阔无私的胸怀，太阳给人类带来了阳光，大地养育了万物，给人类提供了食物、树木，却从来不求回报，默默地作出了贡献，并不居功自傲。天地有功，但自己从来不以为有功，这正是天地的伟大之处。在现实生活中，没有永远的主角，只有永远的舞台。俗话说："铁打的营房，流水的兵""铁打的官场，流水的官"，都是你方唱罢我登场，各领风骚三五年。首先，要明智地看待"功"。自以有功，实则无功。有些"功"其实是本分，是职责所在。其次，"功"的获得虽然包含着个人的努力，但更多的是集体的智慧和团队的共同努力。我们在工作上做出了一点业绩，这是依赖很多客观因素的，如领导的培养、前辈的教导、团队的支持、组织提供的平台等等，然后才是自己的努力，假如没有上述前提条件，自己也会一事无成。况且，我们所做的事情往往是职务行为，是自己本来就应该做好的，有功是应该的，有过则是失责，从这个意义上说，有功也不应当以为有"功"，这就是"有功不居"，是对"功"与"过"的正确认知。否则，就会自以为有功，因而只愿意“进”不愿意“退”，把“进”认为是天经地义的，把“退”看成是吃亏。

95岁老兵张富清在解放战争中荣获特等功一次，一等功三次，二等功一次，两次被授予“战斗英雄”称号，还获得一枚“人民功臣”奖章。但是，直到2018年底，当地退役军人事务局进行信息采集工作时，他才出示了自己尘封63年的军功证明。这么多年，他连子女都没讲。记者采访时问他：“这么英勇的事迹为什么从来不讲呢？为什么要把自己的功绩尘封起来呢？”老英雄说：“这些往事，组织上已经给了我证书和勋章，我没必要再拿出来到处显摆。我想起和我并肩作战的战友，有许多都不在了，我牺牲的战友们才是真正的英雄。比起他们来，我有什么资格拿出立功证件显摆自己啊，比起他们我有什么功劳啊？”

张富清在战争年代九死一生，立下赫赫战功；和平年代深藏功名，竟然隐瞒了60多年。是什么让他有功不居、大功不言？是一心为国的初心，是永不骄傲的平淡心，是克己奉公、丝毫不求回报的公心，这是效法天地之道的“功名观”。

老子认为“功成身退”是循天道而行。《道德经·第九章》：“持而盈之，不如其已。揣而棁之，不可长保。金玉满堂，莫之能守。富贵而骄，自遗其咎。功遂身退，天之道。”意思是说，持有的东西达到满盈的状态时，不如就此罢手。锤炼得很尖锐，是不能够长久保持的。金玉堆满家中，没有人能够守住。富贵加上骄傲，就会自招祸患。成功了就退下来，这才合乎天道。太阳必然经历由东升到西落的过程，月亮也必然经历由圆到缺的过程，天地循环不息，起落有常。人也如此，也是一个成长、奋斗、作为、退让的过程，在事物发展的每一个阶段选择适合自己的位置，当功业建成以后，自己的使命完成了，就要选择“谢幕”，这是一种保全之道。人生必然经历少年、青年、壮年、老年的阶段，进入老年阶段必然体弱多病，这时，就要多做“减法”，不能贪恋权位，不能一味地索取，而应选择保全之道，选择清淡、平静的生活。

第二，“功成身退”是一种高远的涵养。《史记·乐书》中说：“君子以谦退为礼，以损减为乐，乐其如此也。”意思是说，君子以谦退作为礼节，以节制欢娱为乐，乐大约就是这样产生的。趋利避害，是人之常情，但是追逐名利的背后，却有很多风险祸患。因此，要懂得谨慎谦退，才是真正的君子。

晋悼公十三年（前560），中军将智武子去世，按惯例应是中军佐范宣子升任其职。果然，晋悼公召见了范宣子，表达了打算任命他做中军将的意思。出乎晋悼公的意料，范宣子谢绝了他的好意。同时，范宣子还以荀偃比他年长、经验丰富为由，举荐荀偃担任中军将这一要职。晋悼公经过慎重考虑，答应了范宣子的请求。

第二天，在朝堂上，晋悼公亲自宣布，任命荀偃为中军将，并当众说明了范宣子主动让位的事情。对此，有些人对范宣子的做法表示不理解，觉得他放弃唾手可得的荣耀是很傻的行为，范宣子却说：“在我看来，担任中军将不算什么荣耀，而能够在中军这个职位上更好地为国君分忧，使我们的国家更强大，才是最光荣的。我固然可以做中军将，但比起我来，荀偃更称职、更胜任，那我为什么就不能退一步，让他去做呢？”得知事情的原委，荀偃更加自觉地去全力做好国家的事务，并不时听取范宣子的意见。同时，由于范宣子开了先河，国人纷纷效仿，一时形成荐才重贤的风尚，范宣子也更为晋悼公所器重。

面对权位的诱惑，范宣子能果断拒绝晋悼公的任命，让贤于更适合的人选，实属难能可贵。有时平心静气地想一想，“争”未必能显示出你的真本事，而“谦让”反倒会让他人更充分地领教你的才干，钦佩你的胸怀。

与人相处要保持低调、礼让，不积怨，让一让也无所谓。不要什么都跟人家争。有一种人很有才华，可就是爱抱怨、批评、争论、吵架，甚至骂人，逞口舌之快。这样的人其实最后什么都得不到。

三国的时候，有一个名士叫祢衡，其才华横溢，冠绝四海。可是他有一点不好——由于自己太有才华了，就瞧不起所有的人，老骂人，谁都骂，看见曹操也骂。因为他是名士，所以曹操也不愿意落个骂名，就把他送给刘表。见了刘表之后，祢衡又骂刘表，刘表也烦了，就把他送给江夏太守黄祖。结果他同样连黄祖也骂，最后黄祖的主簿无法忍受他的无礼，遂将他杀害。

退身以让，不是懦弱的表现，而是有涵养的表现，是有更长远的战略眼光。以退为进，是一种策略。退，有时是斗争的手段。有进有退是成功的必要条件。急流勇退更是一种勇敢。那种一往无前、有进无退的人仅仅是村夫莽汉，表面上英勇，实则成事不足，败事有余。在现实生活中，有时退一步，却能达到前进数步的目的，这就是策略、手段。

贪功可以说是人性的一大弱点，有的人也许不贪财，但追求名望，喜欢向别人展示和夸耀自己的功劳，以期望获得他人的瞩目，博得他人的赞叹，赢得鲜花和掌声，从而带来精神上的满足感，为此，他们往往热衷于对功名的追求。老子认为，有功其实并不需要炫耀，“夫唯弗居，是以不去”。俗话说，“公道自在人心”。有功，是一种客观事实，而居功则是一种主观态度。如果真正建功立业，即使自己不去炫耀，也是客观存在的，并不因为张扬或隐藏而改变。但是，如果居功自傲，就容易招来非议，甚至引起他人的妒忌、陷害和打击。

第三，“功成身退”是一种大气和明智的选择。对大多数人来说，进取易退让难。有些人居功自傲，贪恋权位，却不知道自己已年老体衰，智力下降，体力退化，不肯让位，挡住后辈上进的通道。结果，年轻人不能成长，自己招来怨恨，更严重的是影响了事业的发展。“退”其实是一个人的明智选择，体现了一个人的思想境界和宽阔胸怀，并非消极的人生态度。

我们要看到“退”其实是另一种“进”，如退隐官场选择从文，这是艺术人生的“进”，因此聪明的人都懂得进退之道，“功成身退”是最明智的选择。善于进退，是一种处世的智慧，退让从另一个角度看是进取，放弃是一种聪明的选择。

作为一个优秀的领导者，仅仅做到“有功不居”还是不够的，还要努力做到推功揽过，在这方面孙权可以说是一个典范。

三国时期，孙权率兵收回荆州之后，设宴庆功、犒赏三军，并把大将军吕蒙置于上座，对大家说：“荆州久攻不下，今天成功夺取，都是吕蒙大将军和大家的功劳啊！”孙权把战争的胜利全部归功于大家，令众将士深为感动。后来，孙权被曹操手下的张辽所激怒，带兵与之决战，结果大败而归，孙权诚恳、自责地说：“这次失败，完全是我轻敌所致，从今往后我定当改正。”孙权推功揽过的做法，深得将士们的拥戴和敬重。

与孙权的处事方略形成鲜明对比的是袁绍，他的势力一度强大，威震中原，但他好大喜功。有一回打仗获胜后，他竟当着众将士的面吹嘘说：“要不是我料敌如神，采取侧击包围的战术，我们怎能这么快就攻下来？”众将士面面相觑，不敢多言。后来，曹操打败刘备回师官渡时，袁绍要同曹操决战。谋士田丰认为战机已失，不宜开战，但袁绍执意出兵，结果惨遭大败。这时候，袁绍不但没有反躬自省，而是嫁祸于他人，处死了田丰。他揽功推过的行为，招致众叛亲离，终为曹操所灭。

与人交往，推功揽过，是赢得良好人际关系、成就自己的“良方”。孙权宽厚大度，推功揽过，从而很好地树立了威信，赢得了将士们的拥戴，成就了一番事业；而袁绍心胸狭隘，推过揽功，残害忠良，结果引起众叛亲离，遭到了彻底的失败。

二、“无为无不为”的智慧

老子在处理“有为”与“无为”的关系上强调“无为无不为”。“无为”是道家的人生哲学，表面上看来是消极的、被动的，其实这是片面的理解。“无为”不是不要为，不是什么事也不干，而是遵循自然的发展规律和社会的发展规律，是遵循“道”的要求，是不妄为、不蛮干；“无为”是扬长避短，发挥优势，正确选择最重要的、最好的路径；“无为”的最终目标是达到“有为”。《道德经·第二章》说：“是以圣人处无为之事，行不言之教。”意思是说，圣人以无为的态度来处理世事，以不言的方法来施予教导。《道德经》多次阐述了这两者的关系。

第一，“无为无不为”指的是不要带着强烈的功利心而为。“无为”从字面上看，好像是无所作为，或者是什么都不做，如不作为，这是违背了老子的本意的。老子在《道德经·第六十三章》说：“为无为，事无事，味无味。”意思是说，众人是有所为而为，而圣人则是无所为而为；众人是有所事而事，圣人是无所事而事；众人是味有其味，圣人是淡而无味。老子在这里讲了我们处世的动机，从“无为”出发，无心于为，特别是无功利心而为，顺其自然，并不是特别想要达到什么样的目的。正如俗语所说的：“有心栽花花不发，无心插柳柳成荫。”这是带着“无我”的境界去处世，由于“无我”，也就不会计较个人的得失和功过，这样更能勇往直前，干出一番有为的事业来。

为此，《道德经·第二十九章》说：“将欲取天下而为之，吾见其不得已。天下神器，不可为也。为者败之，执者失之。”意思是说，想要治理天下而有所作为，我看他是达不到目的的。天下是一个神妙之物，对天下是不能够采取勉强的行为的。有名者必然会失败，把持者必然会失去。因此，圣人无心于为，所以不会失败；不予把持，所以不会失去。

第二，“无为无不为”的本质不是不要为，而是不强为，是遵循大道，不违背规律。《道德经·第三十七章》说：“道常无为而无不为，侯王若能守之，万物将自化。”意思是说，“道”总是无所作为，但是又没有什么事物不是出于它的作为。侯王如果能够持守它，万物将会自行化生。《道德经·第四十三章》说：“天下之至柔，驰骋天下之至坚，无有入无间，吾是以知无为之有益。不言之教，无为之益，天下希及之。”意思是说，天下最柔弱的东西可以穿行于最坚硬的东西中，无形的力量可以穿透没有间隙的东西，由此我们知道了“无为”有大的用处。没有说出来的教导，顺其自然的益处，普天之下少有东西能赶上它。

“无为”要求我们按照客观规律办事，珍惜民力，切忌好大喜功。“有为”要求我们冷静地分析和评估客观条件，量力而行，不要“打肿脸充胖子。”古往今来，常常可以看到一些为官者打着“有所作为”“造福于民”的旗号，干出许多劳民伤财的勾当。隋炀帝杨广自恃才能无人能比，打着扬国威、利民生的旗号，开运河，征高丽，耗费了大量的民力、国力，导致民不聊生，怨声载道。其实在“有为”的表象下，往往是私欲的膨胀，他要向天下宣示：“我杨广乃是前无古人，后无来者，最伟大的人物。”其“有为”的结果，是隋王朝的衰败和没落，是生灵涂炭。当下我们鼓励“有为”，但也要防止“乱作为”，防止大兴“形象工程”“政绩工程”，负债大规模地搞建设，为下届领导和子孙后代留下沉重的包袱。

第三，“无为无不为”要善于取舍，扬长避短。《道德经·第四十八章》说：“为学日益，为道日损。损之又损，以至于无为，无为而无不为。”意思是说，在求学的过程中，一个人的知识会一天比一天增加；在求道的过程中，一个人的欲望则一天比一天减少。减少又减少，最后达到“无为”的境地。一旦能够做到无为，即不要为，实际上便能做成任何事。老子在这里指出了“无为”的方法是“无为无不为”，这是辩证的方法论。每个人都不是全能的，每个人的精力也都是有限的，因此要有所舍弃，有所选择。有些人兴趣广泛，什么都想学，什么都想做，但是浅尝辄止，结果一事无成。“无为”要求我们要有“激光”精神，在博的基础上求专，选准了一个目标，就坚持不懈地走下去，一辈子干好一件事，这样，才能在一个专业的领域有所成就。

第四，“无为无不为”，要善于抓住主要矛盾，抓住关键环节。汉字的“为”字，甲骨文是一只手牵着一头大象，大象是庞然大物，牵大象就要抓住关键点、核心部位，才能驯服大象。正如老子讲的：有所为，有所不为。“为”就是抓关键。抓关键就是抓住方向性、基础性、长远性、决定性的问题。

从前南非兴起过一股淘金热，年轻的费菲在那发了大财，但不是靠挖金子而是靠卖凉水。原来，出产黄金的山区靠近沙漠，天气干燥，水源短缺，在那里挖金砂的人常常难以喝到水，人们一边爬山寻金矿一边不住地抱怨：要是有人能够给我一壶凉水，我宁愿拿一两金子给他作交换。费菲从中得到了启示，于是放弃了找金矿的念头，开始挖水渠，将几里远的清水引到山下。费菲将河水沉淀消毒过滤之后制成了一瓶瓶清凉可口的饮用水，卖给找金矿的人们。两年里，费菲就赚取了一笔巨款，成了百万富翁。

在这个故事中，费菲有所不为——不去一窝蜂地挖金，而是大“为”，抓到了致富的关键点——市场，给挖金者提供解渴之水。

“无为无不为”，并非不求有所作为，更不是什么事都不做，而是指无“违”，是指凡事要“顺天之时，随地之性，因人之心”，不要违反“天时、地性、人心”，凭主观愿望和想象行事。“无为无不为”的最终目标则是有为。

三、“无私成其私”的智慧

“公”与“私”是人们评价道德品质的一个价值标准。“私”是人的一种自然属性，“公”是人的一种社会属性。老子认为“公”与“私”虽然有界限，但也可以互相转化。《道德经·第七章》说：“天长地久。天地所以能长且久者，以其不自生，故能长生。是以圣人后其身而身先，外其身而身存。非以其无私邪？故能成其私。”意思是说，自古至今，天还是这个天，地还是这个地。天地之所以能够长久，是因为天地不为自己而生存。所以，圣人总是将自己放在别人的后面，保持谦退、收敛的处世态度，正因为这样，才会得到别人的爱戴和拥护，反而处在了众人之前；（圣人）总是将自己置之度外，凡事不为自己考虑，正因为这样，自身才恰恰得以保全。没有私心，才能够成就自己。

老子在这里讲“大私”与“大公”的关系，充满了圆融的思维，阐述了动机与目的的关系。

第一，“大公”是“大道”的本质。天的本性是无私，它不为自己而生存，因此，天长地久。《庄子·内篇》第五章《大宗师》中说：“天无私覆，地无私载。”意思是说，天地包容、承载万物，没有丝毫的私心。道家的这一看法与儒家是一致的。《礼记·礼运》中说：“大道之行，天下为公。”无私是天地之道，是大道运行的准则。

第二，天地以其无私而获得了长久。老子从天地讲起，天地的最大特点是胸怀广阔，“不自生”，以无私的胸怀哺育和滋养着天地间的万物，却从来不为自己着想，不为自己谋利，所以能够长生，即天长地久，绵绵不绝。

圣人之所以“不朽”，是因其效法天地，以天地为榜样。“圣人无常心，以百姓心为心。”（《道德经·第四十九章》），圣人没有普通人的偏狭之心，他以百姓的心为自己的心。圣人以天下为己任，将自己的利益置之度外，结果得到了众人的拥戴、支持，从而成就伟业。正如天地不为自己的生存，却能够长生一样。

第三，只有从“无私”出发，才能实现“大私”。也就是说，一个人只有“无私”才能成就功业和美名。用今天的话来说，就是在为人民服务中实现个人的价值。历史上许多彪炳史册的伟大人物，都是为了实现人民群众的利益而不懈地奋斗，从而得到了人民群众的支持、拥护，而名垂青史。

第四，成其私并不是主观的动机，而是一种客观的结果。老子在这里讲的“以其无私，故能成其私”，表面看起来是自相矛盾的，有的人认为是虚伪的，是打着“无私”的旗号实现“自我”的目的。其实老子强调的是以“无私”作为出发点，其动机是“无私”的，结果却是实现了个人的自我价值，也即“大私”，假如为了达到自私的目的而装作“无私”，这是极其虚伪的，老子是不赞成的。

四、“有为不争”的智慧

老子的《道德经》从“无为”出发，提倡“有为不争”，认为这是“水”的美德和圣人的最高境界。《道德经·第八章》说：“上善若水。水善利万物而不争……夫唯不争，故无尤。”“不争”并不是没有志向，并不是碌碌无为，它是以“利万物”作为前提的，“不争”是不求个人的功名利禄，这也正是“水”的高尚之处。

老子提倡“有为不争”，不但体现了一种宽广的胸怀，而且体现了一种方略。这一智慧包含如下的内涵：

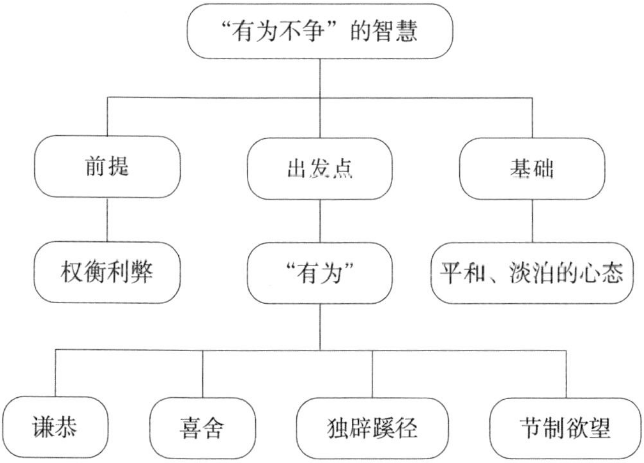

第一，“有为不争”是权衡利弊之后的选择。首先，争是实力的较量。汉字的“争”字上下两只手，表示争夺要用双手，要尽全力才能到手，谁能取胜取决于各自的实力。这种“争”有两种情况：

一是强弱相争，往往是强者胜。国与国之间的竞争是综合国力的竞争，谁的实力强，谁就有话语权，所谓“落后必然挨打”“弱国无外交”就是这个道理。在世界的舞台上，往往是靠实力说话的。企业与企业之间、个人与个人之间的竞争，自然也是以实力定输赢。当己方处于弱势的时候，应选择韬光养晦，积蓄力量，用“不争”时间争取实力的强大。

二是强强相争，实力不相上下，其结果往往是两败俱伤，甚至是第三者得利。“鹬蚌相争，渔翁得利”的典故就说明了这个道理。一只大蚌爬上了河滩，舒舒服服地躺在那里晒太阳。这时候，一只鹬鸟正顺着河沿觅食，当它看到大蚌裸露的嫩肉时，便用尖嘴猛啄。大蚌“啪”的一声合拢甲壳，像一把铁钳紧紧夹住了鹬鸟的嘴巴。鹬鸟死死地咬住蚌肉，大蚌紧紧地钳着鹬嘴，谁也不肯松口，谁也没法解脱。这时候，有一个渔翁来到了河滩，看到鹬蚌相争的场面，毫不费力地把鹬鸟和大蚌一起捉走了。这个故事说明，竞争双方在实力相当、相持不下的情况下，必然会两败俱伤，这时获利的只会是第三方。这个道理告诉我们，千万不要做这样的傻事，不要搞恶性竞争，而要权衡利害得失。

其次，争是利刃相向。争，可能带来两败甚至多败。简化字“争”从刀，从手。“刀”为兵器，又为生活中的常用工具。“争”的意思是拿兵器进行争夺的战争，是手拿工具争夺利益的战争。历史上的战争，大多是争夺资源，如土地、人口甚至女人。如第一次世界大战（1914—1918 年）就是一场帝国主义两大军事侵略集团之间重新瓜分世界的战争。这次大战将 30 多个国家 15 亿人口卷入冲突。第二次世界大战有 80 多个国家 20 亿人投入战争。20 世纪的两次战争，共造成全世界约 8 000 万人死亡。

20 世纪 80 年代打了八年的两伊（伊拉克和伊朗）战争本质也是为了争夺资源（石油）。在这两个石油输出国中，一开始，伊朗实力相对较强，它拥有波斯湾上的哈尔克岛，该岛不仅是伊朗原油的输出中心，也是世界上最大的石油输出港之一。拥有该岛的伊朗，基本上控制了海湾石油的出口。而伊拉克石油输出要借助这一通道就受到伊朗的很大限制。伊拉克决定以战争方式打通向海外的石油输出通道，于是侵占了哈尔克油港。结果伊朗的外运原油量大大降低，利益受损。因资源问题最终引爆了两伊战争。俗话说："生意同行，刀子相向。"其实，这是一种恶性的竞争，而不是良性的竞争。这种竞争通过损害对方获取利益，甚至以不正当的手段去争，是不光彩的。只有在公平、公正的规则下进行的竞争，才是健康和有益的。

从以上"争"的结果看，"争"弊大于利。对立、相争是应该尽量避免的。

第二，"有为不争"的出发点是"有为"。"不争"并不是一味地消极退让，而是以"有为"为出发点，以"不争"作为表现，该争要争。要为正义而争，为真理而争，为国家和民族的利益而争，否则，正义会让位于邪恶，真理将受制于谬误。为此，要当仁不让，据理力争，尽力去争。但对于个人的物质利益、名利地位则不应过分地去争。老子在《道德经·第八十一章》中说："圣人不积，既以为人，己愈有；既以与人，己愈多。天之道，利而不害。圣人之道，为而不争。"意思是说，圣人没有任何保留，尽量帮助别人，自己反而更充足；尽量给予别人，自己反而更丰富。自然的法则，是有利万物而不加以损害；圣人的作风，是有所作为而不与人竞争。

如何做到有为不争呢？老子认为：

一是要像水那样谦恭。老子很推崇水的品格，称赞上善若水，水利万物而不争。江海为什么源远流长呢？是因为它们的位置低。正因为位置低，别的支流才汇进了江海。圣人要学习江海的品质，说话谦虚，愈谦恭百姓愈喜欢。一个人如果自视卑下，别人更尊重他；一个人地位愈高，言语愈要谦和。假如盛气凌人，人们必然敬而远之。

二是喜舍。老子说圣人要想居于人民之前，站到最前面的位置，就要退让于后，请别人先走，有福大家先享，不与民争利。这样的人，天下人乐于拥戴他而不会嫌弃，因为他不与人争，所以天下没有人可以跟他争。真正富裕的人，不是他占有什么，而是给予他人什么。一个人给予别人的东西多，不但不会失去什么，反而显得更富裕。一个人愈关怀别人，他的爱心愈丰富，助人的能量愈大。特蕾莎修女在印度帮助穷人时，每天付出那么多关怀，虽然身体辛苦，物质缺乏，但精神力量却源源不断，获得了众人的爱戴。

三是独辟蹊径。有为不争，是敢于走前人没有走过的路，做别人想不到、做不到的事情，独树一帜，勇于创新，即所谓“人无我有，人有我优”。如科研的填补空白，艺术上的大胆探索，形成独立流派，都是一种聪明的办法。

四是节制欲望。争强好胜，皆源于强烈的欲望。欲望往往让世人像潜伏在草丛深处的狮子，一有机会就蠢蠢欲动，使人陷入名利场、情欲场，进行你死我活的争夺，结果如何？权钱争到手了，幸福却不见了；名誉争到手了，快乐却不见了；利益争到手了，宁静却不见了。英国诗人兰德说：“我和谁都不争，和谁争我都不屑。”其实，世事喧闹，皆源于争，心胸开阔些，争不起来；得失看轻一些，争不起来；目标降低一些，争不起来；功利稍淡一些，争不起来。少一些争，心泰神安，万事畅顺。

西汉末年，河北之乱，刘秀被围，不少人见势不妙，陆续叛离，而冯异却不离不弃，宁肯自己忍饥挨饿，也要把找来的豆粥、麦饭进献给饥饿中的刘秀。叛乱平定后，刘秀手下众将纷纷邀功请赏，冯异却独坐大树底下，不但不报请杀敌军功，而且对饥中进贡食物之事，只字不提。人们见他谦逊礼让，就给他起了个“大树将军”的绰号。尔后，冯异又屡立战功，可但凡议功论赏之时，他都退居廷外。

建武二年（26），冯异大败赤眉军，歼敌八万，使对方主力丧失殆尽，刘秀驰传玺书，要论功行赏，“以答大勋”，冯异却没有因此居功自傲，反而马不停蹄地进军管仲，讨平陈仓、箕谷等地乱事。嫉妒他的人诬告他，刘秀不为所惑，反而将他提升为征西大将军，领北地太守，封阳夏侯。冯异班师回朝时，刘秀当着公卿大臣的面赐他以珠宝钱财，讲述当年豆粥、麦饭之恩，令那些为与冯异争功而进谗言者羞愧得无地自容。

冯异所为难能可贵的是，在众人叛离之际，他不离不弃；在平定叛乱，众将邀功请赏之时，他却悄然隐退。他不与人争、谦恭礼让的品德，不但赢得了皇帝的好感和信任，更为自己赢得了无上光荣的地位和封赏，真可谓“不争之争，水到渠成”！

第三，“有为不争”是建立在平和、淡泊的心态的

基础上。老子主张“以天下之心为己心”，对于功名利禄不要看得太重，不要让功名利禄成为自己的负累。“不争”是不要去争个人的利、位、名，把个人的利欲、私利看淡了，更有利于自己专心致志地去研究、创造，更能有所作为。

有一年，诺贝尔经济学奖被美国人萨金特拿到了，他是著名经济学家、纽约大学的教授。多年来，萨金特有一个习惯，给学生授课或准备讲义的时候，不喜欢受外界的任何干扰。一天，正在家里准备讲义的他，不得不接起已经振动了三次的电话。电话那头有人问道：“请问你是萨金特先生吗？这里是瑞典皇家科学院。感谢你为世界经济健康发展所做的努力，你在宏观经济因果关系的实证研究上取得的成果令人瞩目，所以我们决定把今年的诺贝尔经济学奖授予你，你将会得到一笔不菲的奖金，热烈地祝贺你！”“知道了，我还要准备讲义呢！”萨金特说完便挂断了电话，继续专心准备讲义。

看淡诺贝尔经济学奖金，萨金特显示出的是一种“不争”，这种不争利的品质，造就了一种人生境界。不争利，以良好的心理素质迎接挑战，不受任何外界因素干扰，就能实现我们既定的目标。

五、“适度而止”的智慧

老子强调凡事都要把握好一个“度”，做到适时、适度，这一概念与儒家的“中庸之道”是相通的。真理向前走一步，就变成了谬误。人假如贪欲过大，就会变成欲望的奴隶。人假如不知足，永远都不可能获得内心的平衡。为此，老子主张以“适度而止”作为处世的准则。

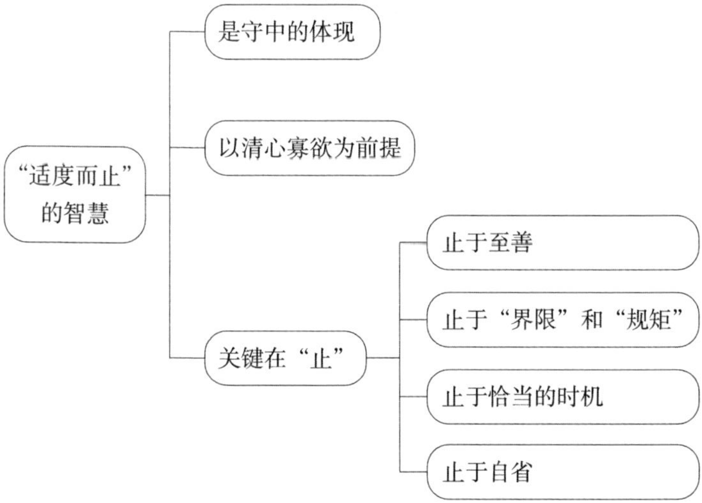

第一，“适度而止”是守中的体现。《道德经·第五章》说：“多言数穷，不如守中。”“多言”指政令繁多，也可以理解为喋喋不休。老子认为政令过于繁多，会加速国家实力的衰退，不如保持一个恰如其分的“度”。政令繁多，往往是政出多门，让民众疲于应付无所适从，民众得不到休养生息，必然会加速国家实力的衰弱。同样地，一个人巧言善辩，妄发议论，必然给人夸夸其谈的印象，况且“祸从口出”“言多必失”，造物主给人两只耳朵，一张嘴巴，就是要我们多听少说。在人际交往中，如果沉默寡言，一言不发，会让人觉得冷漠，性格孤僻，不可亲近；但如果只顾喋喋不休，以自我为中心，不顾他人的感受，则会使人觉得狂妄而引起反感。为此，“守中”是最佳的选择，说话说到点子上，不冷漠又不啰唆，这是对他人的尊重，又是说话的技巧。

老子把“守中”这一原则运用于为人处世，要求处事不要走极端，要恰到好处。《道德经·第五十八章》说：“是以圣人方而不割，廉而不刿，直而不肆，光而不耀。”意思是说，圣人用规矩来约束人们的行为但不伤害别人，锐利但不刺伤他人，率直但不放肆，光大明亮但不耀眼。人要按规矩办事，但条条框框也不能过于繁杂，要给他人留下一定的自由度。正如朋友相处既要密切联系，也要留下一定空间。一个人待人要坦诚、率真，但要“内方外圆”，防止“无意”间伤人，或者令人尴尬。一个人要光明磊落，要有所作为，做出突出的业绩，但也要防止“捧杀”，以免过度的光环招来嫉妒、诽谤和打击，以保身、全身。

第二，“适度而止”要以清心寡欲为前提。《道德经·第十二章》说：“五色令人目盲，五音令人耳聋，五味令人口爽，驰骋畋猎令人心发狂，难得之货令人行妨。是以圣人为腹不为目，故去彼取此。”意思是说，缤纷多彩的颜色使人眼花缭乱，各种声音混杂使人听觉迟钝，多种可口的滋味令人口感麻木，纵马打猎令人心里发狂，稀有的物品令人行为不轨。因此，圣人只求饱腹而不求炫目，所以舍去外在的诱惑，而只获取内在的满足。人们往往追求感官的享受，追求视觉、味觉、听觉、触觉以及心理的满足，甚至追求强烈的刺激，曾一度有人说“娱乐至死”，这种对私欲的过度追求危害无穷。过度的娱乐会扰乱人的心志，造成玩物丧志；过度追求对财物的占有，则会令人行为不轨，甚至铤而走险，这就是人们常说的“见财起意”；而过度的感官刺激，则会使人行为失志，甚至疯疯癫癫，迷惑心窍。为此，老子要求人们“为腹不为目”，为腹，就是满足于吃饱穿暖，不要追求所谓山珍海味，其实最普通的食物，也是最健康的食物；不为目，是指不追求声色犬马等的奢侈欲望。实际上，老子倡导的是清心寡欲。欲望是人的生理本能，人不可能没有一点欲望，如果一点欲望都没有了，活着也就没有任何意义。“寡欲”并不等于“无欲”或“禁欲”，而是“节欲”，把自己的欲望建立在自己的基本需求上，建立在有利生命健康上，建立在幸福、快乐上，建立在合理、正当的实现途径上。老子主张“适度而止”，就是因为人的欲望是没有止境的，任何时候，欲望的满足都是相对的，贪求奢欲永远都是一种潜在的危害。

第三，“适度而止”关键在“止”。“进”是一种勇敢，“止”则是一种智慧。人生在世，既要想有所作为，又要平安全身，必须进而有度，适度而止，凡事八分为缓，九分而止，如果一味追求十分的目标，事事勉为其难，必然适得必反。进和止，都是人生的一种状态。很多人觉得“前进”才是积极的，却很少人能明白，人生不但要懂得前进，更要懂得止步，并且有时候懂得止步比起一味前进更重要。在人生中，“知止”有如下几个意义：

一是“知止”以“止于至善”为目标。“止”其实是一种追求目标，知道自己想到达哪里，想获得什么。《大学》说：“大学之道，在明明德，在亲民，在止于至善。”“止于至善”代表着一种高尚的品性，一种圆融的境界，一种完美的人性。“止于至善”，是一种人生理想，是我们应该努力去追求的目标和抵达的地方。

二是明白“知止”是止于“界限”和“规矩”。法律道德底线和礼仪规矩，这是“止”的界限，是在前进道路上要停止脚步的地方。

人生天地间，有些事情可以做，有些事情必须做，而有些事情却绝对不能做。我国历史上不乏有“止”之大智慧的人。

张良一生反秦扶汉，辅佐刘邦，功莫大焉，与韩信、萧何并列为“汉初三杰”。但他能置功名于身外，功成身退，明哲保身，赢得生前身后名，成为后人所乐道的谋略家。

刘伯温辅佐朱元璋，可谓神机妙算、运筹帷幄，助朱元璋登基，在大封功臣之际，他选择告老还乡，既保住了自己的性命，也保住了尊严与地位。

而反观韩信，他辅佐刘邦，功不可谓不大，但他不知谦让，一味伐功矜能，有功高震主之嫌，终落得一个“夷灭宗族”的下场。

三是“知止”是在恰当的时机变换方向，更好地发展。随着个人认识的发展，我们有时候会发现当初做的决定可能并不明智，如果我们盲目地朝着原来既定的方向前行，很可能会一事无成。所以我们为目标奋斗时，应该留时间给自己停下来，因为只有止步思考，结合客观状况修正自己前进的方向，才更有利于自我发展。

东汉著名经学家马融想要给《左氏春秋》作注，但他看到已经有贾逵、郑众二人作注在先，便找来他们的注解阅读。仔细读过之后，马融这才意识到自己不适合给《左氏春秋》作注，他这样评价说：“贾逵的注本精深而不广博，郑众的注本广博而不精深。要做到精深而又广博，就凭我个人的水平，又怎能超过他们呢?”

正因为马融看到了贾逵、郑众二人注解的“精”和“博”，因此他果断打消了给《左氏春秋》作注的念头，转而去写《三传异同说》，随后又为《孝经》《离骚》等书作注，因而成就斐然。

四是“知止”是在自省中及时止步，回归正道。在人朝着一个目标前进的过程中，有时候会为了争抢名利等身外物而忘却初心，这种时候就要学会止步。反省、检讨、思考和修正，这种“止”是为了更好地再出发。只有学会不争、学会止，才能走回正轨，继续前行，否则将会迷失自己。

公元前597年的春天，楚庄王亲自率大军围攻郑国，打下了郑国都城；后来楚军又攻下邯地而获得大胜，楚庄王的霸主地位也由此建立起来。楚军将士们欣喜若狂，大夫潘党也十分高兴，他向楚庄王提议：“这一仗，我们楚军大获全胜，杀得晋军尸横遍野，威震中原，各国诸侯大王何不趁此机会，把晋军的尸体堆积起来，然后在尸体上筑起高台，用以宣扬楚国武功，扬我国威?”楚庄王听完，笑着对他说：“大夫所说的不太合适，不能这样做呀！”说着，拔出宝剑，在地上写了个“武”字，然后对潘党说：“你看，这个‘武’字不就是‘止’和‘戈’两个字合起来的吗，周武王当年推翻了商王朝，建立起周王朝之后，曾经写过一篇《武》文和一首颂诗，诏上说讨伐只是为了实现天下太平。我如今动用武力，初衷就是为了惩罚强暴，平息战争，安抚百姓。我如果堆尸筑台，那就是炫耀强暴，不得人心啊！”潘党听了楚庄王的话之后，连连称赞：“大王真是仁德之君，果然高明，为臣深表敬佩！”于是，楚庄王率领楚军到黄河边上祭祀了河神，然后就班师回国了。

楚王虽然是用武力攻下了晋国与郑国，但是他懂得适当止步，明白动用武力只是一种过程，并不是战争的最终目的，所以明智地拒绝了大夫的建议。如果他采纳了这样的建议，必定因为不得人心而失去所拥有的地位。

六、“宠辱两忘”的智慧

受宠、受辱是人生经常遇见的事情，有的人恃宠而骄，恃宠而纵；还有的人受辱而怒，拔刀而起，拼一个你死我活，当然，也有人“宠辱不惊”。怎样对待“宠辱”？老子在《道德经》中主张“宠辱两忘”，这是必须经过一番修炼才能达到的境界。

《道德经·第十三章》说：“宠辱若惊，贵大患若身。何谓宠辱若惊？宠为下，得之若惊，失之若惊，是谓宠辱若惊。何谓贵大患若身？吾所以有大患者，为吾有身，及吾无身，吾有何患？故贵以身为天下，若可寄天下；爱以身为天下，若可托天下。”意思是说，得宠和受辱都好像受到惊吓一般，重视大的祸患就如同重视身体一样。什么叫宠辱若惊呢？得宠是卑下的，获得它时很惊恐，失去它时也很惊恐，这就叫宠辱若惊。什么叫作“贵大患若身”？“我”之所以有大患，是因为“我”有身体，如果没有了这个身体，“我”又会有什么祸患呢？所以，像在意自己的身体一样在意天下的人，才可以将天下交付给他；像爱惜自己的身体一样爱惜天下的人，才能够将天下委任给他。

老子讲“宠辱若惊”，实际上是告诫人们要“宠辱不惊”。这是因为宠和辱都是外在的，只意味着他人对得到的东西的态度而已，有时得到的也未必是你心里真正想要的，况且“宠”是一种上对下的关系，是地位上者对地位下者给予的青睐，是一种施舍。说到底，得宠是一种施与，实际上意味着一种不平等的关系。人为什么会“受宠若惊”呢？老子认为是“贵大患若身”。这是因为，人是情感动物，对宠辱这种情感体验十分敏感，当我们得宠的时候内心是喜悦的，但这种喜悦是短暂的，因为人有患得患失的弱点，得到宠爱并不会令我们永远快乐；同样，当我们受到别人的冷眼、辱骂、轻视的时候，我们也会表现出不安、惊恐。人类自身的弱点，决定了人无论得到宠爱，还是受到屈辱，都会忧心忡忡，惶惶不可终日。得宠就惊喜，受辱就惊惧，把心中的忧虑看得与自身的生死存亡同等重要。

世人会普遍存在这种弱点，老子分析了产生这种弱点的原因，那就是世人还在念念不忘自身利益，还在为自身利益患得患失。产生这种态度的原因，是把身外之物看得太重，而把人的生命看得太轻。老子表明了自己的态度：人应该宠辱不惊，将天下视为身外之物。

一般人对于身外的宠辱荣患十分看重，甚至许多人重视身外的宠辱远远超过自身的生命。老子从贵身的角度出发，认为生命远远贵于名利荣宠，一切声色货利之事，皆无动于衷，然后可以受天下之重寄，而为万民所托。宠包含着宠人和受宠两个方面。

历史上的众多美女中，杨贵妃的结局很是凄凉。其悲剧的原因首先是唐明皇过度的宠爱以及杨氏一家得到封赏。她生前尽享唐明皇的专情宠爱，白居易在《长恨歌》中写道："承欢侍宴无闲暇，春从春游夜专夜。后宫佳丽三千人，三千宠爱在一身。""姊妹弟兄皆列土，可怜光彩生门户。遂令天下父母心，不重生男重生女。"杨家一时荣耀无比。到马嵬驿兵变时，杨国忠被杀，杨贵妃被赐死，一家人落得可悲的下场。其实，受宠者是可怜的人，其命运掌握在别人的手里。杨贵妃是值得同情的，错就错在唐明皇的过度宠幸，不但宠一个人，还宠一家人，引起众多官员、佳丽的妒忌，埋下了仇恨的种子。因此，受宠别得意，失宠也不必太在乎，一切顺乎本心最可贵。

受宠往往是以人格卑下的付出为代价的，有的人为了获得他人的宠爱，往往会投其所好，百般讨好，或者甜言蜜语或者曲意逢迎，甚至以身相许，但以这些手段去获取宠幸是不牢靠的，以色获宠总有年老色衰的时候；以利获宠，总有利尽的时候；以言获宠，总有谎言破灭的时候，一旦失宠，则会招来祸灾。

世人之所以"宠辱若惊"，其根源在于"大祸着身"，把个人的得失看得太重，没有达到天地境界。一个人假如不过分地去追求功利，往往能够保持人格的尊严，如陶渊明那样"不为五斗米折腰"，宁愿弃官归田，如李白那样“安能摧眉折腰事权贵，使我不得开心颜”；一个人假如不在乎个人的名利，把国家和民族的利益放在首位，也不会把宠辱看得太重，一个人心大了，事就小了。

庄子说：“不为轩冕肆志，不为穷约趋俗，其乐彼与此同，故无忧而已矣。”意思是说，不追求官爵的人，不因为高官厚禄而喜不自禁，不因为穷困贫乏而随波逐流，趋炎媚俗，荣辱面前一样达观，也就没有什么忧愁。只有对钱财、名利、生死看得淡泊的，才能超脱、洒脱。

要做到“宠辱两忘”“宠辱不惊”，关键在于自己要有一个真实的价值追求，宠和辱都是外在的，无论是得到了宠爱，还是遭受了侮辱，都只是意味着他人对待你的态度而已。假如自己的志向、能力、价值没有变，别人的看法又能如何呢？因此，对待宠辱要像《菜根谭》中所说的：“宠辱不惊，闲看庭前花开花落；去留无意，漫随天外云卷云舒。”

七、“自胜者强”的智慧

在激烈的社会竞争中，盛行的是“优胜劣汰，适者生存”，其中有一种思维是通过打击对方、压制对方，从而成为“胜利者”，这是一种霸凌主义的思维。这种以“损人利己”的方式去打击对方的行为，最终不可能达到“胜人”的目的。老子在《道德经》中提出了“自胜者强”的智慧，从事物的内在动因来看问题，不但具有广阔的胸怀，而且符合社会进步的规律。

《道德经·第三十三章》说：“知人者智，自知者明。胜人者有力，自胜者强。知足者富，强行者有志。不失其所者久，死而不亡者寿。”意思是说，了解别人，叫作聪慧；了解自己，叫作明达。胜过别人，叫作有力；胜过自己，叫作强大。知道满足，才是富有；坚持力行，才是意志。不丧失本分，才能够长久；死了而仍然能够存在的，才是真正的长寿。

什么是真正的强大，老子在这里做出了回答：“胜人者有力，自胜者强。”能够战胜别人，叫作有力，而能够战胜自己，则叫作强大。在一个人的发展历程中有两种超越，一种是对别人的超越，另一种是对自己的超越，两者相比较，超越自己比超越别人更为艰难。

首先，超越别人是以自强作为前提的。假如自己的学识、智慧、能力上不如他人，胜人是难以做到的。假如以不正当的手段去打击对方获得胜利，必然会引起对方的反抗，其结果是“杀敌一千，自损八百”，出现两败俱伤的局面。这是一种恶性的竞争，必然破坏公平、正义和秩序，从而陷入恶性循环。

其次，超越自己必须自知自省。俗话说：“自知自明难。”我们往往可以清醒地评价别人，却难以认清自身。因此，古代先哲提出了“认识你自己”的命题。一个人要“自胜”，第一，必须勇于正视自己的缺点和不足；第二，必须有勇于改过的态度和精神，对自己的不良习性给予矫正；第三，必须有很强的自制力，战胜自己过多、过高的欲望，如名利、美色、权力等；第四，必须具有很强的“自省力”，不断克服自身的劣根性，不但使自己的内心更加强大，而且使自己的实力得到增长，这样才能成为一个“强者”。

袁隆平于1995年当选为中国工程院院士，却没有当选中国科学院院士。而在不同人的眼中，两者的意义是完全不一样的。袁隆平对于自己落选中科院院士是怎样的一种态度呢？他说：“我没当上中科院院士，说明自己的水平不够，所以依旧要努力学习、努力工作。我是搞超级杂交水稻的，我的目的就在于能够不断出新成果，为粮食安全作出贡献，那就是对我最大的安慰，也是我的最大胜利。”

袁隆平胸怀宽广，以水稻的科研作为目标，内心光明，心地坦荡，超越了个人的私欲，故成为一个“强者”。

再次，“自胜者强”要具有广阔的胸怀，“以天下之心为己心”。以天下为公的情怀，摒弃“零和博弈”的思维，建立人类命运共同体的意识，在合作竞争中发展自己，这才是一种自信的表现。老子在《道德经·第四十二章》中说：“强梁者不得其死。”意思是说，自恃强大而不遵道的人大都不得善终。自以为强大者，往往会使用强力压制或战胜别人，在强行压制别人的过程中必然会遭到强烈的反抗，使双方的力量受到损耗，虽然对方可能会被打败，但自己也损失惨重。想当年，拿破仑率领精锐法军横扫欧洲，何等强梁，但最终在侵略俄国的战争中失败，落得被囚禁于海岛的下场。强梁者由于缺乏互惠意识，好处占尽，其行为是独断、霸道、狠毒、极具侵略性的，结果必然是四面树敌，终成孤家寡人，为世人所唾弃。

八、“为道日损”的智慧

什么是寻找真理的途径和方法？老子在《道德经》中给我们提供了断、舍、离的办法。这个办法就是“为学日益，为道日损”。《道德经·第四十八章》说：“为学日益，为道日损。损之又损，以至于无为，无为而无不为。”意思是说，在求学的过程中，一个人的知识会一天比一天增加，在求道的过程中，一个人的欲念则一天比一天减少，减少又减少，最后达到无为的境地。一旦能够做到“无为”，即顺其自然，自然而然就能实现自己的愿望。《道德经》在这里指出了寻道、行道的途径，阐述了“为学”与“为道”的不同路径。

第一，“为学日益”是“为道日损”的前提条件。“为学”是增长知识，“为道”是研发智慧。一个人要“为道”，就必须认真地、广博地学习，积累厚实的知识，但假如停留在知识的积累上，那也只不过是一个有知识的人，而不是一个有智慧的人，这是因为没能领悟到“道”，找到事物的本质和规律，却未能发现真理。“为学日益”，是要求我们多做“加法”和“乘法”。所谓做“加法”，就是广博地学习，博采众长，扩大自己的知识面，增加自己的学识、学问、学养。所谓做“乘法”，就是把各种学问融会贯通，吸收、消化，再加以创新，形成独立的思想和深刻的见解，开发自己的智慧，激发思想的力量。

第二，“为道日损”是指有所舍弃，采取抽丝剥茧的办法，直达事物的核心层次。“道”是宇宙万物运行的客观规律，往往包裹着层层的外衣，被表象所掩盖，必须层层剥离，才能发现。正如淘金一样，把杂质洗去，金子才能出现。“为道日损”，实际上是要求我们在寻道时，多做“减法”和“除法”。我们在寻道的过程中，每天要减少什么呢？减去的是心灵妄念，减去的是心中贪念，减去的是世俗名利，减去的是安逸享乐，减去的是好大喜功……总之，减去的是一己之私。通过不断地去除私心和杂念，最后只剩下一颗质朴、纯真的心，达到“无为”的心境。

《菜根谭》说：“人生减省一分便超脱一分。如交游减便免纷扰，言语减便寡愆尤，思虑减则精神不耗，聪明减则混沌可完，彼不求日减而求日增者，真桎梏此生哉！”《菜根谭》对“为道日损”则讲得更为具体，总的来说是“减繁增静”，少交际应酬，少闲言乱语，少忧虑悲愁，少心机巧智。相反，如果千方百计地增加这方面的活动，就等于用枷锁把自己的心灵和手脚锁住，永远不可能获得自由、自在。只有懂得“为道日损”，善于做减法，追求极简的生活，才能发现“道”，实践“道”。

第三，“为道日损”不但要减少欲望，达到无欲无求的境界，而且要用心去领悟，才能实现寻道的目的。“为道”的过程是一个十分艰辛的过程，必须有高度的专注力和抗干扰的能力，聚精会神、专心致志，心无旁骛，消除心中的杂念，这就要“损之又损，以至于无为”，当一个人心无杂念、心若止水之时，其领悟力就会不断地增长，出现“灵光”的闪现，这就是有了“悟性”，就产生了智慧。许多理论和科学发明无不是如此产生的。

九、“以柔胜刚”的智慧

老子在《道德经》中多次强调“守柔居弱”“刚柔相济”“以柔胜刚”的道理。

《道德经·第七十六章》说：“人之生也柔弱，其死也坚强。万物草木之生也柔脆，其死也枯槁。故坚强者死之徒，柔弱者生之徒。”意思是说，人活着的时候身体是柔软的，死了以后身体就变得僵硬，草木活着时质地是柔软脆弱的，死了以后就变得干硬枯槁了。所以说，凡是强硬的东西都属于死亡的一类，凡是柔弱的东西都属于有生命力的一类。因此，用兵逞强反而不能取胜，树木高大了就会遭到砍伐。凡是强大的，总是处于下位，凡是柔弱的，反而居于上位。

《道德经·第七十八章》说：“天下莫柔弱于水，而攻坚强者莫之能胜，其无以易之。弱之胜强，柔之胜刚，天下莫不知，莫能行。”意思是说，天底下再没有什么东西比水更柔弱的了，但是，攻坚克强却没有什么东西可以胜过水，因为水是没有任何东西可以替代的。弱胜过强，柔胜过刚，普天之下没有人不知道，却没有人能实行。

古语有云：“柔能克刚，英雄莫敌。”《伊索寓言》里，有一个“太阳和风”的故事：太阳和风争论谁更强、更有力。风说：“我要试试我的力量。看见路上那个穿大衣的老头吗？我敢打赌能比你更快地使他脱掉大衣。”于是太阳躲到云后，风开始吹起来，越吹越猛。但是，他吹得越急，老人把大衣裹得越紧。终于，风无可奈何地平息下来。而太阳从云层里露出脸来，以暖洋洋的光芒照耀老人，不久老人出汗了，不得不把大衣脱掉。太阳对风说："怎么样？温柔要比愤怒和强暴更加有力吧?"

老子有贵"柔"的思想，主张以柔弱胜刚强。老子曾经用人的"舌头"和"牙齿"作了生动的对比。一个年迈的老人，牙齿都掉光了，可舌头仍然灵活自如。坚硬的牙齿，每天都在咀嚼食物，难免损坏，而柔软的舌头，完好无损。老子的"柔弱观"围绕着一个中心：万物需以柔化刚，才能制胜，始终充满生机。作为个体，每个人都希望能成长起来，强大起来，这是由柔弱而至强大；但坚强如转为刚愎，或变为逞强，则祸根潜伏，与"死之徒"相去不远。需要强调的是，老子所说的柔弱，绝不是要人们软弱无能，而是处世立身行事要依循天道，顺应事物发展规律，以"天下之至柔，驰骋天下之至坚"。

柔软是坚韧不拔，以柔胜刚。老子说："上善若水。水善利万物而不争，处众人之所恶。""江海所以能为百谷王者，以其善下之，故能为百谷王。""天下莫柔弱于水，而攻坚强者莫之能胜。""弱之胜强，柔之胜刚。"

“无有入无间，吾是以知无为之有益。不言之教，无为之益，天下希及之。”世界上最柔的东西莫过于水，然而它却能穿透最坚硬的东西，没有什么能超过它，如滴水穿石，这就是“柔德”所在。所以说弱能胜强，柔可克刚。牙齿坚硬，却易损，不如柔软的舌头，正如有的时候，力谏难成，软语置腹却让人欣然接纳，再坚强不屈也难敌温和礼遇。

明朝崇祯初年，洪承畴战功不断，率军十三万与皇太极决战。松山一战溃败被俘，皇太极派人劝降，洪承畴破口大骂，一心向明，却没能抵挡住皇太极的披貂礼遇和一句“先生冷吗”的问候。洪承畴俯首称臣，皇太极说将军只是各为其主等言辞，更是令洪泪流满面。威逼没有让洪屈服，可是赐座供茶的尊重让洪感恩涕零。

自然界的许多现象，都说明了太刚易损的道理。从物理的角度看，刚性越大，物体就越脆弱，抗打击能力就越低。钻石的确是最硬的，但又有谁注意到，钻石甚至比玻璃更易碎呢？而硬度极差的铝，柔韧性极好，甚至可以用锤子把它砸得像纸一样薄，但仍然不能把它砸为两半。今天，我们在企业管理中，会采取柔性管理，这种管理以“人性化”为标志，强调灵敏与弹性，注重平等与尊重，创造了竞争优势。

柔弱是曲直相宜，能屈能伸。当处于不利的形势时，应委曲求全，韬光养晦，等待时机。清朝皇太极驾崩后，多尔衮对孝庄母子步步进逼，孝庄只得隐忍退让以求全。她不断地给多尔衮戴高帽，加封号，“叔父摄政王”“皇叔父摄政王”乃至“皇父摄政王”，不使多尔衮废帝自立。最后，不得不以太后之尊下嫁于他。遇元旦或庆贺大礼，多尔衮与皇帝一起，接受文武百官的跪拜，这才最大限度地满足了多尔衮觊觎皇位的野心，化解了孝庄母子的危机。

柔顺是刚柔相济。汉字的“柔”字上矛下木，刚柔融为一体，柔中有刚，刚中有柔。周易认为，刚不必善，柔不必恶。刚若不与柔相配合，则为猛，为莽，为强暴；柔若不与刚相配合，则为懦弱，为无断，为邪佞。只有刚柔相济，相互配合，才能无过。“柔”字正体现了这一点，柔中有刚，柔的外表是软弱的，但其内在坚强无比。

地中海有个小国叫马其顿，这个国家的“豆腐石头”总被人津津乐道。这种神奇的矿物质刚开采出来时像豆腐一样柔软，能轻易塑造成形，而一经晾晒，便会变成坚硬无比的石头。正是这种能软能硬的“豆腐石头”，让马其顿筑起固若金汤甚至顶住“二战”炮火的石头城，使这个地中海小岛国得以生存至今。“豆腐石头”通过“豆腐”向“石头”的转变，向我们展示了“柔”与“刚”的奥妙之处，启示人们去寻找一种刚柔并济的智慧。所谓“柔”，意味着圆和温顺，能接纳，善包容；而所谓“刚”，则代表着坚硬倔强，不妥协，不投降。它们看似是矛盾的对立体，却因人们的需要被统一在同一个范畴，那便是智慧。随着场合与对象的不同，采取柔与刚的不同态度处世，方为智者。而很多时候，在同一情境下我们也需要将柔与刚融会贯通，以达目的。

在原则问题上秉持“刚”的态度坚决不妥协，在外交技巧上以“柔”的方式化解矛盾，周恩来总理的“求同存异”方针正是对“外柔内刚”的极佳诠释。人们需要“柔”，正如“豆腐石头”需要一定的软度才能塑造成形；人们也需要“刚”，正如“豆腐石头”需要有极大的硬度才能保持形态。有时，不同情境下我们面临着柔与刚的不同选择；有时，同一情境下我们需要有融合柔与刚二者的智慧。世界上不存在永远绝对的事物，柔与刚也不例外，它们相生相克，彼此互补，善用它们便是至上的智慧。

结　语

胡适先生说："老子是中国哲学的鼻祖，是中国哲学史上第一位真正的哲学家。"

尼采说："老子思想的集大成——《道德经》，像一个永不枯竭的井泉，满载宝藏，放下汲桶，唾手可得。"

老子《道德经》中的辩证思维是对《周易》中的对立统一规律、动态平衡规律、消长转化规律的系统发挥，是对天地运行之道的体悟，是对人类社会发展规律的高度概括，给我们提供了辩证的思维方式，让我们学会了系统地、多视角地看问题，全面客观地分析问题，理智冷静地处理问题，是开发我们智慧的一把"金钥匙"，是我们经世致用、通权达变的"法门"，只要潜心研读，一定能够成为一个有智慧的人！

附录 《道德经》原文

第一章

道可道，非常道；名可名，非常名。无名，天地之始；有名，万物之母。故常无，欲以观其妙；常有，欲以观其徼。此两者，同出而异名，同谓之玄。玄之又玄，众妙之门。

第二章

天下皆知美之为美，斯恶已；皆知善之为善，斯不善已。故有无相生，难易相成，长短相较，高下相倾，音声相和，前后相随。是以圣人处无为之事，行不言之教，万物作焉而不辞，生而不有，为而不恃，功成而弗居。夫唯弗居，是以不去。

第三章

不尚贤，使民不争；不贵难得之货，使民不为盗；

不见可欲，使民心不乱。是以圣人之治，虚其心，实其腹，弱其志，强其骨。常使民无知无欲，使夫智者不敢为也。为无为，则无不治。

第四章

道冲，而用之或不盈，渊兮似万物之宗。挫其锐，解其纷，和其光，同其尘。湛兮似或存。吾不知谁之子，象帝之先。

第五章

天地不仁，以万物为刍狗。圣人不仁，以百姓为刍狗。天地之间，其犹橐籥乎？虚而不屈，动而愈出。多言数穷，不如守中。

第六章

谷神不死，是谓玄牝。玄牝之门，是谓天地根。绵绵若存，用之不勤。

第七章

天长地久。天地所以能长且久者，以其不自生，故能长生。是以圣人后其身而身先，外其身而身存。非以其无私邪？故能成其私。

第八章

上善若水。水善利万物而不争，处众人之所恶，故几于道。居善地，心善渊，与善仁，言善信，正善治，事善能，动善时。夫唯不争，故无尤。

第九章

持而盈之，不如其已。揣而棁之，不可长保。金玉满堂，莫之能守。富贵而骄，自遗其咎。功遂身退，天之道。

第十章

载营魄抱一，能无离乎？专气致柔，能婴儿乎？涤除玄览，能无疵乎？爱民治国，能无知乎？天门开阖，能无雌乎？明白四达，能无为乎？生之畜之，生而不有，为而不恃，长而不宰，是谓玄德。

第十一章

三十辐共一毂，当其无，有车之用。埏埴以为器，当其无，有器之用。凿户牖以为室，当其无，有室之用。故有之以为利，无之以为用。

第十二章

五色令人目盲，五音令人耳聋，五味令人口爽，驰骋畋猎令人心发狂，难得之货令人行妨。是以圣人为腹不为目，故去彼取此。

第十三章

宠辱若惊，贵大患若身。何谓宠辱若惊？宠为下，得之若惊，失之若惊，是谓宠辱若惊。何谓贵大患若身？吾所以有大患者，为吾有身，及吾无身，吾有何患？故贵以身为天下，若可寄天下；爱以身为天下，若可托天下。

第十四章

视之不见名曰夷，听之不闻名曰希，搏之不得名曰微。此三者不可致诘，故混而为一。其上不皦，其下不昧。绳绳不可名，复归于无物，是谓无状之状，无物之象。是谓惚恍。迎之不见其首，随之不见其后。执古之道，以御今之有，能知古始，是谓道纪。

第十五章

古之善为士者，微妙玄通，深不可识。夫唯不可识，故强为之容；豫兮若冬涉川，犹兮若畏四邻，俨兮其若容，涣兮若冰之将释，敦兮其若朴，旷兮其若谷，混兮其若浊。孰能浊以静之徐清？孰能安以久动之徐生？保此道者不欲盈。夫唯不盈，故能蔽不新成。

第十六章

致虚极，守静笃。万物并作，吾以观复。夫物芸芸，各复归其根。归根曰静，是谓复命。复命曰常，知常曰明，不知常，妄作，凶。知常容，容乃公，公乃王，王乃天，天乃道，道乃久。没身不殆。

第十七章

太上，下知有之。其次，亲而誉之。其次，畏之。其次，侮之。信不足，焉有不信焉。悠兮其贵言。功成事遂，百姓皆谓我自然。

第十八章

大道废，有仁义；慧智出，有大伪；六亲不和，有孝慈；国家昏乱，有忠臣。

第十九章

绝圣弃智，民利百倍；绝仁弃义，民复孝慈；绝巧弃利，盗贼无有。此三者，以为文不足，故令有所属，见素抱朴，少私寡欲。

第二十章

绝学无忧。唯之与阿，相去几何？善之与恶，相去若何？人之所畏，不可不畏。荒兮，其未央哉。众人熙熙，如享太牢，如春登台。我独泊兮其未兆，如婴儿之未孩，儽儽兮若无所归。众人皆有余，而我独若遗。我愚人之心也哉，沌沌兮。俗人昭昭，我独昏昏。俗人察察，我独闷闷。澹兮其若海，飂兮若无止。众人皆有以，而我独顽似鄙。我独异于人，而贵食母。

第二十一章

孔德之容，惟道是从。道之为物，惟恍惟惚。惚兮恍兮，其中有象。恍兮惚兮，其中有物。窈兮冥兮，其中有精。其精甚真，其中有信。自古及今，其名不去，以阅众甫。吾何以知众甫之状哉？以此。

第二十二章

曲则全，枉则直，洼则盈，敝则新，少则得，多则惑。是以圣人抱一，为天下式。不自见，故明；不自是，故彰；不自伐，故有功；不自矜，故长。夫唯不争，故天下莫能与之争。古之所谓曲则全者，岂虚言哉？诚全而归之。

第二十三章

希言自然。故飘风不终朝，骤雨不终日。孰为此者？天地。天地尚不能久，而况于人乎？故从事于道者，道者同于道，德者同于德，失者同于失。同于道者，道亦乐得之；同于德者，德亦乐得之；同于失者，失亦乐得之。信不足焉，有不信焉。

第二十四章

企者不立，跨者不行，自见者不明，自是者不彰，自伐者无功，自矜者不长。其在道也，曰余食赘行。物或恶之，故有道者不处。

第二十五章

有物混成，先天地生。寂兮寥兮，独立不改，周行而不殆，可以为天下母。吾不知其名，字之曰道，强为之名曰大。大曰逝，逝曰远，远曰反。故道大，天大，地大，王亦大。域中有四大，而王居其一焉。人法地，地法天，天法道，道法自然。

第二十六章

重为轻根，静为躁君。是以圣人终日行不离辎重。虽有荣观，燕处超然。奈何万乘之主，而以身轻天下？轻则失本，躁则失君。

第二十七章

善行无辙迹，善言无瑕谪，善数不用筹策，善闭无关楗而不可开，善结无绳约而不可解。是以圣人常善救人，故无弃人；常善救物，故无弃物。是谓袭明。故善人者，不善人之师；不善人者，善人之资。不贵其师，不爱其资，虽智大迷，是谓要妙。

第二十八章

知其雄，守其雌，为天下溪；为天下溪，常德不离，复归于婴儿。知其白，守其黑，为天下式；为天下式，常德不忒，复归于无极。知其荣，守其辱，为天下谷；为天下谷，常德乃足，复归于朴。朴散则为器，圣人用之则为官长。故大制不割。

第二十九章

将欲取天下而为之，吾见其不得已。天下神器，不可为也。为者败之，执者失之。故物或行或随，或歔或吹，或强或羸，或挫或隳。是以圣人去甚，去奢，去泰。

第三十章

以道佐人主者，不以兵强天下，其事好还。师之所处，荆棘生焉。大军之后，必有凶年。善有果而已，不敢以取强。果而勿矜，果而勿伐，果而勿骄，果而不得已，果而勿强。物壮则老，是谓不道，不道早已。

第三十一章

夫佳兵者，不祥之器，物或恶之，故有道者不处。君子居则贵左，用兵则贵右。兵者，不祥之器，非君子之器。不得已而用之，恬淡为上。胜而不美，而美之者，是乐杀人。夫乐杀人者，则不可以得志于天下矣。吉事尚左，凶事尚右。偏将军居左，上将军居右，言以丧礼处之。杀人之众，以哀悲泣之。战胜，以丧礼处之。

第三十二章

道常无名。朴虽小，天下莫能臣也。侯王若能守之，万物将自宾。天地相合，以降甘露，民莫之令而自均。始制有名，名亦既有，夫亦将知止，知止可以不殆。譬道之在天下，犹川谷之于江海。

第三十三章

知人者智，自知者明。胜人者有力，自胜者强。知足者富，强行者有志。不失其所者久，死而不亡者寿。

第三十四章

大道氾兮，其可左右。万物恃之而生而不辞，功成不名有，衣养万物而不为主。常无欲，可名于小；万物归焉而不为主，可名为大。以其终不自为大，故能成其大。

第三十五章

执大象，天下往。往而不害，安平太。乐与饵，过客止。道之出口，淡乎其无味，视之不足见，听之不足闻，用之不足既。

第三十六章

将欲歙之，必固张之；将欲弱之，必固强之；将欲废之，必固兴之；将欲夺之，必固与之。是谓微明。柔弱胜刚强。鱼不可脱于渊；国之利器，不可以示人。

第三十七章

道常无为而无不为，侯王若能守之，万物将自化。化而欲作，吾将镇之以无名之朴。无名之朴，夫亦将无欲。不欲以静，天下将自定。

第三十八章

上德不德，是以有德；下德不失德，是以无德。上德无为而无以为，下德为之而有以为。上仁为之而无以为，上义为之而有以为。上礼为之而莫之应，则攘臂而扔之。故失道而后德，失德而后仁，失仁而后义，失义而后礼。夫礼者，忠信之薄而乱之首；前识者，道之华而愚之始。是以大丈夫处其厚，不居其薄；处其实，不居其华。故去彼取此。

第三十九章

昔之得一者，天得一以清，地得一以宁，神得一以灵，谷得一以盈，万物得一以生，侯王得一以为天下贞。其致之。天无以清将恐裂，地无以宁将恐发，神无以灵将恐歇，谷无以盈将恐竭，万物无以生将恐灭，侯王无以贵高将恐蹶。故贵以贱为本，高以下为基。是以侯王自谓孤、寡、不谷。此非以贱为本邪？非乎？故致数舆无舆，不欲琭琭如玉，珞珞如石。

第四十章

反者道之动，弱者道之用。天下万物生于有，有生于无。

第四十一章

上士闻道，勤而行之；中士闻道，若存若亡；下士闻道，大笑之，不笑不足以为道。故建言有之：明道若昧，进道若退，夷道若纇。上德若谷，大白若辱，广德若不足，建德若偷，质真若渝，大方无隅，大器晚成，大音希声，大象无形，道隐无名。夫唯道，善贷且成。

第四十二章

道生一，一生二，二生三，三生万物。万物负阴而抱阳，冲气以为和。人之所恶，唯孤、寡、不谷，而王公以为称。故物或损之而益，或益之而损。人之所教，我亦教之。强梁者不得其死，吾将以为教父。

第四十三章

天下之至柔，驰骋天下之至坚，无有入无间，吾是以知无为之有益。不言之教，无为之益，天下希及之。

第四十四章

名与身孰亲？身与货孰多？得与亡孰病？是故甚爱必大费，多藏必厚亡。知足不辱，知止不殆，可以长久。

第四十五章

大成若缺，其用不弊。大盈若冲，其用不穷。大直若屈，大巧若拙，大辩若讷。躁胜寒，静胜热。清静为天下正。

第四十六章

天下有道，却走马以粪；天下无道，戎马生于郊。祸莫大于不知足，咎莫大于欲得。故知足之足，常足矣。

第四十七章

不出户，知天下；不窥牖，见天道。其出弥远，其知弥少。是以圣人不行而知，不见而名，不为而成。

第四十八章

为学日益，为道日损。损之又损，以至于无为，无为而无不为。取天下常以无事，及其有事，不足以取天下。

第四十九章

圣人无常心，以百姓心为心。善者吾善之；不善者吾亦善之，德善。信者吾信之；不信者吾亦信之，德信。圣人在天下歙歙，为天下浑其心。百姓皆注其耳目，圣人皆孩之。

第五十章

出生入死。生之徒十有三；死之徒十有三；人之生，动之死地亦十有三。夫何故？以其生生之厚。盖闻善摄生者，陆行不遇兕虎，入军不被甲兵；兕无所投其角，虎无所措其爪，兵无所容其刃。夫何故？以其无死地。

第五十一章

道生之，德畜之，物形之，势成之。是以万物莫不尊道而贵德。道之尊，德之贵，夫莫之命而常自然。故道生之，德畜之，长之育之，亭之毒之，养之覆之。生而不有，为而不恃，长而不宰，是谓玄德。

第五十二章

天下有始，以为天下母。既得其母，以知其子；既知其子，复守其母，没身不殆。塞其兑，闭其门，终身不勤。开其兑，济其事，终身不救。见小曰明，守柔曰强。用其光，复归其明，无遗身殃，是为习常。

第五十三章

使我介然有知，行于大道，唯施是畏。大道甚夷，而民好径。朝甚除，田甚芜，仓甚虚；服文彩，带利剑，厌饮食，财货有余，是谓盗夸。非道也哉！

第五十四章

善建者不拔，善抱者不脱，子孙以祭祀不辍。修之于身，其德乃真；修之于家，其德乃余；修之于乡，其德乃长；修之于国，其德乃丰；修之于天下，其德乃普。故以身观身，以家观家，以乡观乡，以国观国，以天下观天下。吾何以知天下然哉？以此。

第五十五章

含德之厚，比于赤子。蜂虿虺蛇不螫，猛兽不据，攫鸟不搏。骨弱筋柔而握固，未知牝牡之合而全作，精之至也。终日号而不嗄，和之至也。知和曰常，知常曰明，益生曰祥，心使气曰强。物壮则老，谓之不道，不道早已。

第五十六章

知者不言，言者不知。塞其兑，闭其门，挫其锐，解其纷，和其光，同其尘，是谓玄同。故不可得而亲，不可得而疏；不可得而利，不可得而害；不可得而贵，不可得而贱，故为天下贵。

第五十七章

以正治国，以奇用兵，以无事取天下。吾何以知其然哉？以此：天下多忌讳，而民弥贫；民多利器，国家滋昏；人多伎巧，奇物滋起；法令滋彰，盗贼多有。故圣人云：我无为而民自化，我好静而民自正，我无事而民自富，我无欲而民自朴。

第五十八章

其政闷闷，其民淳淳。其政察察，其民缺缺。祸兮福之所倚，福兮祸之所伏。孰知其极？其无正？正复为奇，善复为妖。人之迷，其日固久。是以圣人方而不割，廉而不刿，直而不肆，光而不耀。

第五十九章

治人事天，莫若啬。夫唯啬，是谓早服。早服谓之重积德；重积德，则无不克。无不克，则莫知其极；莫知其极，可以有国。有国之母，可以长久。是谓深根固柢，长生久视之道。

第六十章

治大国若烹小鲜。以道莅天下，其鬼不神。非其鬼不神，其神不伤人。非其神不伤人，圣人亦不伤人。夫两不相伤，故德交归焉。

第六十一章

大国者下流。天下之交，天下之牝。牝常以静胜牡，以静为下。故大国以下小国，则取小国；小国以下大国，则取大国。故或下以取，或下而取。大国不过欲兼畜人，小国不过欲入事人。夫两者各得其所欲，大者宜为下。

第六十二章

道者，万物之奥，善人之宝，不善人之所保。美言可以市，尊行可以加人。人之不善，何弃之有！故立天子，置三公，虽有拱璧以先驷马，不如坐进此道。古之所以贵此道者何？不曰以求得，有罪以免邪？故为天下贵。

第六十三章

为无为，事无事，味无味。大小多少，报怨以德。图难于其易，为大于其细。天下难事，必作于易。天下大事，必作于细。是以圣人终不为大，故能成其大。夫轻诺必寡信，多易必多难。是以圣人犹难之。故终无难矣。

第六十四章

其安易持，其未兆易谋。其脆易泮，其微易散。为之于未有，治之于未乱。合抱之木，生于毫末；九层之台，起于累土；千里之行，始于足下。为者败之，执者失之。是以圣人无为，故无败；无执，故无失。民之从事，常于几成而败之。慎终如始，则无败事。是以圣人欲不欲，不贵难得之货；学不学，复众人之所过。以辅万物之自然，而不敢为。

第六十五章

古之善为道者，非以明民，将以愚之。民之难治，以其智多。故以智治国，国之贼；不以智治国，国之福。知此两者，亦稽式。常知稽式，是谓玄德。玄德深矣，远矣，与物反矣，然后乃至大顺。

第六十六章

江海所以能为百谷王者，以其善下之，故能为百谷王。是以欲上民，必以言下之；欲先民，必以身后之。是以圣人处上而民不重，处前而民不害，是以天下乐推而不厌。以其不争，故天下莫能与之争。

第六十七章

天下皆谓我道大，似不肖。夫唯大，故似不肖。若肖，久矣其细也夫！我有三宝，持而保之：一曰慈，二曰俭，三曰不敢为天下先。慈，故能勇；俭，故能广；不敢为天下先，故能成器长。今舍慈且勇，舍俭且广，舍后且先，死矣。夫慈，以战则胜，以守则固，天将救之，以慈卫之。

第六十八章

善为士者不武，善战者不怒，善胜敌者不与，善用人者为之下。是谓不争之德，是谓用人之力，是谓配天古之极。

第六十九章

用兵有言：吾不敢为主而为客，不敢进寸而退尺。是谓行无行，攘无臂，扔无敌，执无兵。祸莫大于轻敌，轻敌几丧吾宝。故抗兵相加，哀者胜矣。

第七十章

吾言甚易知，甚易行；天下莫能知，莫能行。言有宗，事有君。夫唯无知，是以不我知。知我者希，则我者贵，是以圣人被褐怀玉。

第七十一章

知不知，上；不知知，病。夫唯病病，是以不病。圣人不病，以其病病，是以不病。

第七十二章

民不畏威，则大威至。无狎其所居，无厌其所生。夫唯不厌，是以不厌。是以圣人自知不自见，自爱不自贵。故去彼取此。

第七十三章

勇于敢则杀，勇于不敢则活。此两者，或利或害。天之所恶，孰知其故？是以圣人犹难之。天之道，不争而善胜，不言而善应，不召而自来，绰然而善谋。天网恢恢，疏而不失。

第七十四章

民不畏死，奈何以死惧之？若使民常畏死，而为奇者，吾得执而杀之，孰敢？常有司杀者杀。夫代司杀者杀，是谓代大匠斫。夫代大匠斫者，希有不伤其手矣。

第七十五章

民之饥，以其上食税之多，是以饥。民之难治，以其上之有为，是以难治。民之轻死，以其上求生之厚，是以轻死。夫唯无以生为者，是贤于贵生。

第七十六章

人之生也柔弱，其死也坚强。万物草木之生也柔脆，其死也枯槁。故坚强者死之徒，柔弱者生之徒。是以兵强则不胜，木强则兵。强大处下，柔弱处上。

第七十七章

天之道，其犹张弓与？高者抑之，下者举之；有余者损之，不足者补之。天之道，损有余而补不足。人之道则不然，损不足以奉有余。孰能有余以奉天下？唯有道者。是以圣人为而不恃，功成而不处，其不欲见贤。

第七十八章

天下莫柔弱于水，而攻坚强者莫之能胜，其无以易之。弱之胜强，柔之胜刚，天下莫不知，莫能行。是以圣人云：受国之垢，是谓社稷主；受国不祥，是为天下王。正言若反。

第七十九章

和大怨，必有余怨，安可以为善？是以圣人执左契，而不责于人。有德司契，无德司彻。天道无亲，常与善人。

第八十章

小国寡民。使有什伯之器而不用，使民重死而不远徙。虽有舟舆，无所乘之；虽有甲兵，无所陈之。使人复结绳而用之。甘其食，美其服，安其居，乐其俗。邻国相望，鸡犬之声相闻，民至老死，不相往来。

第八十一章

信言不美，美言不信。善者不辩，辩者不善。知者不博，博者不知。圣人不积，既以为人，己愈有；既以与人，己愈多。天之道，利而不害。圣人之道，为而不争。

参考文献

1. 文若愚：《道德经大全集》，北京：中国华侨出版社 2011 年版。

2. 殷昆：《老子为道》，北京：当代世界出版社 2006 年版。

3. 潘树仁：《淮南鸿烈》，北京：中华书局 2013 年版。

4. 郭世铭：《老子究竟说什么》，北京：红旗出版社 2006 年版。

5. 丹明子：《道德经的智慧》，呼和浩特：内蒙古大学出版社 2005 年版。

6. 姚淦铭：《老子智慧》，济南：山东人民出版社 2012 年版。

7. 周依朋：《道德经的人生智慧课》，北京：中国纺织出版社 2014 年版。

8. 林语堂：《老子的智慧》，沈阳：北方联合出版股份公司 2016 年版。